Big Data y transformación digital

Editado por:
EDITORIAL FAE, S.L.U.
Correo electrónico: editorial@editorialfae.com

Big Data y transformación digital
Beatriz Coronado García

1ª Edición

ISBN: 978-84-1135-383-0

Impreso en España

Índice

Módulo 1. Big Data y transformación digital

Módulo 1. Big Data y transformación digital

Introducción

El Big Data y la transformación digital representan dos de los fenómenos más influyentes en el mundo empresarial actual. Las organizaciones generan y almacenan volúmenes de información sin precedentes, provenientes de fuentes diversas como redes sociales, dispositivos conectados, plataformas de comercio electrónico o sistemas internos de gestión. El verdadero valor no reside únicamente en la acumulación de datos, sino en la capacidad de analizarlos, interpretarlos y transformarlos en conocimiento útil para la toma de decisiones estratégicas.

La transformación digital va más allá de incorporar nuevas tecnologías; implica un cambio cultural y organizativo que busca optimizar procesos, mejorar la experiencia del cliente y generar nuevos modelos de negocio. En este contexto, las metodologías de análisis de datos, el uso de arquitecturas Big Data, las herramientas de Business Intelligence, la integración del Internet de las Cosas (IoT) y la correcta gestión de la privacidad y protección de datos se convierten en ejes fundamentales para garantizar la competitividad y sostenibilidad de las empresas.

Este curso aborda los principales conceptos y recursos que permiten comprender y aplicar el potencial del Big Data en el marco de la transformación digital, desarrollando competencias técnicas, habilidades de análisis, adaptación y liderazgo en un entorno en constante evolución.

Objetivos

- Identificar los datos relevantes que intervienen en la definición e implantación de una estrategia digital empresarial.
- Analizar e interpretar la información proveniente de diferentes fuentes para mejorar procesos y operaciones organizativas.
- Aplicar metodologías y herramientas de análisis de datos vinculadas al Big Data y la transformación digital.
- Utilizar recursos de Business Intelligence y arquitecturas Big Data para la toma de decisiones estratégicas.
- Relacionar las aplicaciones del IoT con los procesos de digitalización en la empresa.
- Desarrollar habilidades de síntesis y resolución orientadas al marketing digital y a la adaptación a entornos digitales cambiantes.
- Gestionar proyectos de dato considerando la ética, la protección de datos y la seguridad digital.
- Fomentar la capacidad resolutiva y adaptativa frente a los desafíos de la transformación digital.

1. Identificación de los datos relevantes para la definición e implantación de la estrategia digital del negocio

Cuando se habla de **dato relevante** en una estrategia digital, se hace referencia a aquella información que aporta valor a la organización en la toma de decisiones, bien porque ayuda a comprender el comportamiento de los clientes, a optimizar los procesos internos o a identificar nuevas oportunidades de negocio.

Fig. 1. No todos los datos disponibles cumplen con esta condición, ya que en la actualidad las empresas generan grandes volúmenes de información y el exceso de datos irrelevantes puede entorpecer el análisis en lugar de mejorarlo

Un dato se considera relevante cuando cumple al menos con tres criterios: pertinencia (responde a una necesidad de la estrategia), calidad (es fiable y preciso) y oportunidad (se obtiene y utiliza en el momento adecuado).

Para ilustrar esta idea, se puede observar la diferencia entre datos brutos y datos útiles en un contexto empresarial:

Tipo de dato	Ejemplo	Utilidad para la estrategia
Bruto	Número total de visitas a la web en un mes	Poco útil sin segmentar ni contextualizar
Relevante	Porcentaje de visitantes que completan una compra tras ver una campaña concreta	Directamente útil para evaluar la eficacia de la estrategia digital

De este modo, un gran volumen de información no garantiza ventajas competitivas si no se distingue qué es lo verdaderamente significativo.

Como ejemplo concreto, una empresa de comercio electrónico puede recibir miles de registros diarios sobre interacciones de los clientes en su web. Sin embargo, el dato relevante para su estrategia digital no es la cantidad total de clics, sino la tasa de conversión de visitas en ventas, puesto que incide directamente en la rentabilidad de sus campañas.

A. Fuentes de datos internas (ERP, CRM, bases de clientes, procesos internos)

Las fuentes internas constituyen el primer pilar para la definición de una estrategia digital sólida, ya que aportan información generada por la propia organización en el desarrollo de sus actividades. Estas fuentes tienen la ventaja de ser más accesibles, fiables y específicas para el contexto del negocio.

Entre las principales fuentes internas destacan los ERP (Enterprise Resource Planning), los CRM (Customer Relationship Management), las bases de clientes y los registros de procesos internos.

Cada una de ellas cumple funciones diferenciadas:

- Los sistemas **ERP** permiten registrar y coordinar aspectos como inventarios, producción, logística o finanzas, ofreciendo una visión integrada de la empresa.

- Los sistemas **CRM** se centran en la relación con el cliente, registrando interacciones, historial de compras y niveles de satisfacción.
- Las **bases de clientes** incluyen información demográfica, hábitos de consumo y patrones de compra, lo que facilita la segmentación y la personalización de ofertas.
- Los **procesos internos** generan datos vinculados a la eficiencia, los tiempos de respuesta, la productividad de los equipos o los niveles de calidad alcanzados.

Para entender la diferencia entre estas fuentes, se puede presentar un ejemplo en el que una misma empresa obtenga información desde varias perspectivas:

Fuente interna	Tipo de dato obtenido	Ejemplo aplicado
ERP	Nivel de stock de productos	Identificar riesgo de rotura de inventario
CRM	Historial de interacciones de un cliente	Diseñar una oferta personalizada
Base de clientes	Segmento de edad o localización	Ajustar campañas de marketing digital
Procesos internos	Tiempo medio de resolución de incidencias	Detectar cuellos de botella en el servicio

De esta manera, el aprovechamiento coordinado de estas fuentes internas constituye un recurso clave para alinear los objetivos de negocio con las decisiones estratégicas digitales.

B. Fuentes de datos externas (redes sociales, open data, tendencias de mercado)

Además de la información que genera la propia organización, existen fuentes de datos externas que enriquecen y complementan la estrategia digital. Estas fuentes proporcionan una visión más amplia del mercado, de los competidores y de los clientes, y permiten anticipar cambios en el entorno.

Las redes sociales son una de las principales fuentes externas, ya que concentran información sobre la opinión de los usuarios, sus intereses y comportamientos.

Fig. 2. Analizar comentarios, interacciones y niveles de engagement ofrece pistas valiosas para el diseño de campañas digitales

El **open data**, entendido como datos públicos de libre acceso proporcionados por administraciones, organismos internacionales o instituciones de investigación, es otra fuente de gran relevancia. Ejemplos de ello son las bases de datos del Instituto Nacional de Estadística (INE) o de la Unión Europea, que permiten analizar tendencias económicas, sociales y demográficas.

Por último, las **tendencias de mercado** recopiladas en estudios sectoriales o informes de consultoras aportan información clave sobre la evolución de la competencia, las innovaciones tecnológicas y las expectativas de los consumidores.

Para ilustrar estas posibilidades, se puede observar la siguiente tabla:

Fuente externa	Tipo de información	Ejemplo aplicado
Redes sociales	Opiniones y comportamientos de usuarios	Detectar qué producto genera mayor conversación en Twitter
Open data	Datos demográficos y económicos	Identificar zonas con mayor poder adquisitivo para abrir una nueva tienda
Tendencias de mercado	Informes de evolución sectorial	Conocer la adopción de tecnologías digitales en el comercio minorista

Así, combinar fuentes internas y externas multiplica la capacidad de análisis y permite construir una estrategia digital más completa y proactiva.

C. Criterios para seleccionar datos útiles (calidad, pertinencia, oportunidad)

El hecho de disponer de una gran cantidad de información no implica necesariamente que todos los datos resulten valiosos. Para que el análisis tenga sentido, es imprescindible aplicar criterios que permitan distinguir los datos útiles de los irrelevantes.

En la práctica, se utilizan tres criterios básicos:

- La **calidad** del dato se refiere a su exactitud, fiabilidad y coherencia. Un dato incorrecto o duplicado puede conducir a errores graves en la toma de decisiones.
- La **pertinencia** implica que el dato debe estar alineado con los objetivos de la estrategia digital. Un exceso de información que no responde a la necesidad planteada genera ruido y dificulta el análisis.
- La **oportunidad** hace referencia al momento en que el dato se obtiene y utiliza. La información desactualizada pierde relevancia y puede conducir a decisiones equivocadas.

Para visualizar cómo se aplican estos criterios, resulta útil comparar dos escenarios distintos en un contexto de marketing digital:

Criterio	Dato no útil	Dato útil
Calidad	Registro de cliente con error en el correo electrónico	Registro con datos de contacto verificados
Pertinencia	Número de clics en la web sin segmentar por campaña	Tasa de conversión atribuida a una campaña específica
Oportunidad	Encuesta de satisfacción de hace tres años	Opiniones recientes recogidas en los últimos seis meses

Seleccionar datos con base en estos criterios permite a la empresa reducir costes de análisis, mejorar la fiabilidad de los resultados y focalizar sus esfuerzos en información realmente significativa.

D. Herramientas para la recogida y clasificación de datos

La recopilación y organización de los datos requiere del uso de herramientas específicas que aseguren la eficiencia en el proceso y garanticen que la información quede disponible para su posterior análisis. Estas herramientas se dividen, de manera general, en sistemas de recogida y en sistemas de clasificación.

Entre las herramientas de recogida de datos destacan los formularios online (Google Forms, Typeform), los sistemas de analítica web (Google Analytics, Matomo) y las APIs de redes sociales que permiten extraer información sobre interacciones y audiencias.

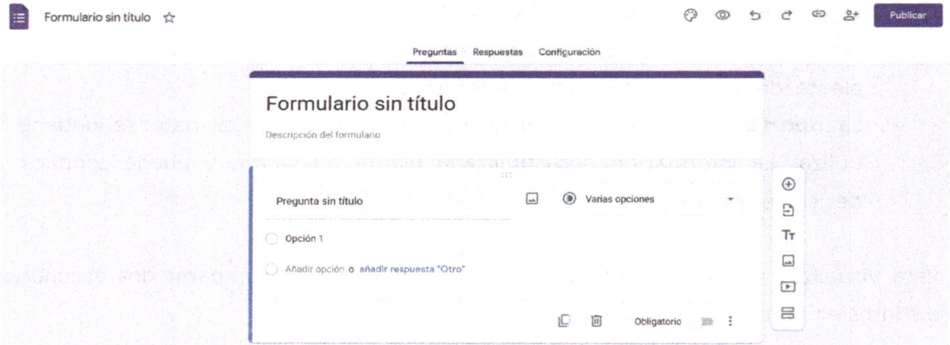

Fig. 3. Google Forms posibilita que los usuarios creen cuestionarios y encuestas de forma sencilla, recopilen respuestas en tiempo real y las organicen automáticamente para su análisis

En lo que respecta a la **clasificación de datos**, se utilizan bases de datos relacionales (MySQL, PostgreSQL), sistemas de gestión documental y plataformas de integración como Talend o Apache NiFi, que organizan los datos y facilitan su limpieza y estructuración.

Para comprender cómo se integran estas herramientas en la práctica, se puede observar el siguiente ejemplo de flujo:

Etapa	Herramienta	Función principal
Recogida	Formularios online	Capturar información directa de los clientes
Recogida	APIs de redes sociales	Extraer datos de publicaciones, interacciones y audiencias
Clasificación	Bases de datos relacionales	Organizar registros en tablas estructuradas
Clasificación	Plataformas de integración	Limpiar, transformar y preparar datos para su análisis

Anotación

La correcta elección de herramientas aumenta la precisión y la velocidad con la que se transforman los datos en conocimiento accionable.

1.1. Decisiones estratégicas

La información generada por los datos se convierte en un recurso central para la **toma de decisiones estratégicas**. En un entorno cada vez más digitalizado, las empresas que basan sus decisiones en evidencia empírica y análisis objetivo obtienen una ventaja competitiva frente a aquellas que se guían únicamente por la intuición o la experiencia previa.

A. Datos y planificación estratégica

La **planificación estratégica** consiste en definir objetivos de largo plazo, establecer líneas de acción y asignar los recursos adecuados para alcanzarlos. En este proceso, los datos proporcionan una base sólida que reduce la incertidumbre y mejora la capacidad de anticipar escenarios.

Fig. 4. Al diseñar la apertura de una nueva línea de negocio, los datos sobre ventas históricas, costes de producción y comportamiento de clientes permiten calcular la viabilidad financiera y predecir la demanda con mayor precisión

Para visualizar cómo los datos impactan en la planificación, se puede observar el siguiente esquema comparativo:

Situación	Sin uso de datos	Con uso de datos
Lanzamiento de un producto	Decisión basada en intuición del directivo	Decisión basada en análisis de demanda histórica y tendencias
Expansión geográfica	Selección de zona por proximidad o conveniencia	Selección de zona tras analizar poder adquisitivo y hábitos de consumo
Presupuesto anual	Distribución genérica por departamentos	Distribución ajustada según métricas de rentabilidad y previsiones

Una cadena de supermercados que quiere introducir una nueva gama de productos ecológicos puede apoyarse en datos de ventas de productos similares, encuestas a clientes sobre hábitos de consumo saludable y estudios de mercado que evidencien el crecimiento del sector bio. Con esta información, puede diseñar una planificación estratégica ajustada a la realidad del mercado.

B. Análisis de mercado basado en datos

El **análisis de mercado** es una de las aplicaciones más directas y valiosas de los datos en la toma de decisiones estratégicas. A través de la recogida y estudio de información sobre consumidores, competidores y tendencias, las empresas pueden posicionarse de manera más eficiente y adaptarse rápidamente a cambios del entorno.

Fig. 5. Entre las principales utilidades del análisis de mercado destacan la identificación de nuevos segmentos de clientes, la evaluación del grado de satisfacción de los actuales y la detección de movimientos de la competencia

Si se observa un caso concreto, resulta evidente la diferencia entre un análisis basado en suposiciones y uno fundamentado en datos:

- Una empresa que decide invertir en publicidad digital sin analizar previamente el comportamiento de sus consumidores corre el riesgo de invertir en canales poco efectivos.
- En cambio, si esa misma empresa analiza métricas como la tasa de clics, las horas de mayor interacción o las plataformas preferidas por su público, podrá diseñar campañas mucho más eficientes y rentables.

Una compañía de telefonía analiza las conversaciones en redes sociales y descubre que sus clientes muestran un creciente interés en planes con datos ilimitados. Al mismo tiempo, identifica que la competencia ya ha lanzado ofertas similares. Con base en estos datos, decide priorizar el desarrollo y lanzamiento de un nuevo paquete de datos ilimitados, adelantándose a perder clientes

C. Estrategias de segmentación y personalización

Una de las aplicaciones más valiosas de los datos en la estrategia digital es la posibilidad de **segmentar el mercado** y ofrecer experiencias **personalizadas**. La segmentación consiste en dividir a los clientes en grupos homogéneos según características comunes (edad, ubicación, hábitos de consumo), mientras que la personalización va un paso más allá al diseñar mensajes, productos o servicios adaptados a las necesidades específicas de cada individuo.

El uso de datos permite pasar de campañas masivas e impersonales a estrategias altamente precisas, lo que incrementa la eficacia y reduce el desperdicio de recursos.

Se puede comparar el enfoque tradicional frente al enfoque basado en datos:

Enfoque	Características	Resultado
Marketing tradicional	Mensajes iguales para todos los clientes	Baja tasa de respuesta
Segmentación	Mensajes diferenciados por grupos de clientes (jóvenes, familias, profesionales)	Mayor relevancia y efectividad
Personalización	Mensajes y ofertas adaptadas al comportamiento individual	Experiencia única y fidelización del cliente

Una tienda online de ropa puede analizar el historial de compras y navegación de sus clientes. A partir de esos datos, segmenta a los usuarios en categorías (ropa deportiva, ropa de oficina, ropa infantil). Posteriormente, personaliza las recomendaciones mostrando en la web productos similares a los que cada cliente ha comprado o visitado. Esto aumenta la probabilidad de compra y mejora la satisfacción del cliente.

Otro caso frecuente de personalización se da en el envío de correos electrónicos. En lugar de mandar una promoción genérica, las empresas utilizan algoritmos de recomendación que seleccionan los productos más relevantes para cada usuario en función de su comportamiento anterior.

D. Casos de éxito en decisiones estratégicas basadas en datos

El uso de datos para tomar decisiones estratégicas no es una tendencia pasajera, sino una práctica consolidada que ya ha transformado sectores enteros. Diversas empresas reconocidas han demostrado que el análisis adecuado de la información puede marcar la diferencia entre el éxito y el estancamiento.

Un caso emblemático es el de Netflix, cuya ventaja competitiva radica en el análisis de datos de visualización de sus usuarios. Gracias a esta información, no solo recomienda contenidos personalizados, sino que también decide qué series y películas producir, minimizando el riesgo de fracaso. Por ejemplo, el lanzamiento de *House of Cards* se basó en datos que mostraban que los usuarios valoraban las producciones políticas, al actor Kevin Spacey y las obras de David Fincher.

Otro ejemplo destacado es el de Amazon, que utiliza sistemas de predicción para gestionar inventarios y recomendar productos. El análisis de datos en tiempo real permite anticipar la demanda de artículos en distintas regiones, optimizando el stock y reduciendo tiempos de entrega.

En el sector de la moda, Zara recopila información de ventas y tendencias a través de sus tiendas y plataformas digitales. Con esos datos, decide rápidamente qué productos deben reponerse, modificarse o retirarse, logrando ciclos de producción extremadamente ágiles que se adaptan al gusto del consumidor en pocas semanas.

Finalmente, en el ámbito deportivo, clubes como el FC Barcelona o los equipos de la NBA analizan métricas de rendimiento de jugadores y patrones de juego para definir estrategias deportivas, fichajes y entrenamientos. El análisis de datos ha revolucionado la manera en que se toman decisiones tanto en los despachos como en el terreno de juego.

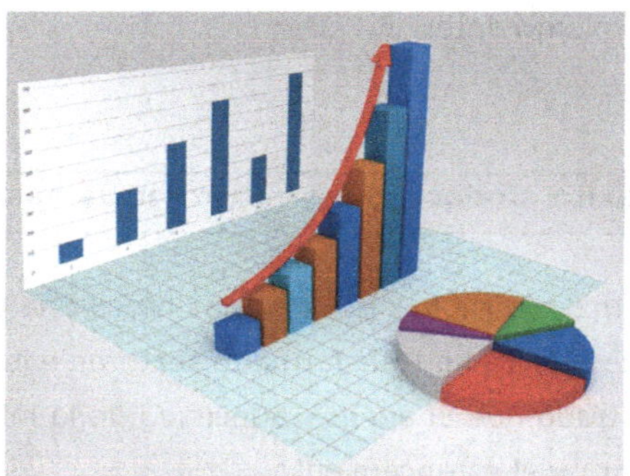

Fig. 6. El uso inteligente de los datos mejora la eficiencia operativa y se convierte en un motor clave de innovación y ventaja competitiva

2. Mejora de las operaciones y procesos de las empresas a través de la interpretación y conocimiento de los datos recogidos

El análisis de datos se ha convertido en una herramienta esencial para mejorar la **eficiencia operativa** de las empresas. La eficiencia no depende únicamente de reducir costes o tiempos, sino de optimizar los recursos disponibles para alcanzar los objetivos con el menor desperdicio posible. En este sentido, los datos permiten identificar ineficiencias, anticipar problemas y establecer procesos más ágiles.

El uso de métricas claras posibilita que las organizaciones dejen de actuar con base en percepciones y comiencen a tomar decisiones fundamentadas. Por ejemplo, un análisis del tiempo promedio de respuesta en atención al cliente puede revelar que ciertos canales (como el chat online) resuelven incidencias mucho más rápido que el correo electrónico. Con esta información, la empresa puede reorganizar a su equipo para dar prioridad a los canales más eficientes.

Se puede observar cómo el análisis mejora la eficiencia en distintos niveles de la organización:

Área de la empresa	Datos analizados	Resultado de eficiencia
Producción	Ritmo de fabricación y defectos en productos	Reducción de desperdicios y mejora de calidad
Logística	Tiempos de entrega y rutas de transporte	Disminución de costes de distribución
Atención al cliente	Tiempo medio de resolución de incidencias	Mayor satisfacción del cliente y fidelización
Recursos humanos	Tasa de rotación de empleados	Identificación de causas y reducción de costes de sustitución

Una compañía de mensajería analizó los datos de entregas y descubrió que ciertas rutas generaban retrasos constantes. A partir del análisis, rediseñó los trayectos con ayuda de herramientas de geolocalización, lo que permitió reducir los tiempos de entrega en un 20% y aumentar la satisfacción de sus clientes.

A. Optimización de la cadena de valor

La **cadena de valor** representa todas las actividades que una empresa lleva a cabo para crear un producto o servicio, desde la adquisición de materias primas hasta la entrega final al consumidor. Optimizar esta cadena implica mejorar cada uno de los eslabones para aumentar la rentabilidad, la calidad y la rapidez de respuesta.

El análisis de datos ofrece una visión integral que permite detectar ineficiencias a lo largo de la cadena.

Fig. 7. El seguimiento en tiempo real de inventarios evita roturas de stock o exceso de almacenamiento, dos problemas frecuentes que incrementan los costes

Algunos ejemplos de cómo los datos optimizan diferentes fases de la cadena de valor pueden verse en la siguiente tabla:

Eslabón de la cadena	Datos analizados	Mejora obtenida
Aprovisionamiento	Precios de proveedores y plazos de entrega	Selección del proveedor más eficiente
Producción	Ritmo de fabricación y defectos detectados	Ajuste de procesos y reducción de errores
Distribución	Ubicación de clientes y tiempos de transporte	Planificación de rutas más rápidas y económicas
Marketing y ventas	Preferencias de clientes y campañas anteriores	Ofertas personalizadas y mayor tasa de conversión
Servicio postventa	Opiniones y reclamaciones	Reducción de incidencias y mejora de la fidelización

Una empresa del sector alimentario implementó sensores en su cadena de suministro para controlar la temperatura de los productos perecederos. El análisis de estos datos en tiempo real permitió detectar fallos en la refrigeración antes de que los productos llegaran al cliente, reduciendo las pérdidas económicas y mejorando la confianza del consumidor.

La optimización de la cadena de valor basada en datos ofrece una ventaja competitiva, ya que permite adaptarse de manera rápida a los cambios del mercado y a las expectativas de los clientes.

B. Reducción de costes y tiempos a partir de datos

El análisis de datos constituye una herramienta clave para la **reducción de costes y tiempos** en las organizaciones. Mediante el estudio detallado de los procesos internos, las empresas pueden identificar cuellos de botella, tareas duplicadas o recursos infrautilizados. Esto les permite rediseñar su operativa, logrando una mayor rentabilidad con un menor gasto.

El uso de datos permite pasar de un modelo reactivo —donde los problemas se detectan una vez que ya han generado pérdidas— a un modelo **proactivo**, en el que los problemas se anticipan y se corrigen antes de que impacten en los resultados.

Para comprender cómo los datos contribuyen a la reducción de costes y tiempos, se pueden observar los siguientes ejemplos:

Área	Tipo de análisis	Resultado
Producción	Análisis de fallos en maquinaria	Mantenimiento predictivo que evita averías costosas
Logística	Seguimiento en tiempo real de rutas	Ahorro en combustible y tiempos de entrega
Compras	Comparación de precios de proveedores	Selección de opción más económica sin perder calidad
Marketing	Evaluación del rendimiento de campañas	Eliminación de inversiones en canales poco rentables

Una empresa de transporte utilizó sensores en sus vehículos para monitorizar el consumo de combustible. Los datos revelaron que ciertas rutas y hábitos de conducción generaban un gasto innecesario. Al implementar cambios en la planificación de trayectos y ofrecer formación a los conductores, la compañía redujo un 15% sus costes en combustible y disminuyó significativamente los tiempos de entrega.

C. Innovación en productos y servicios

El análisis de datos ayuda a mejorar la eficiencia interna y también impulsa la innovación en productos y servicios, permitiendo a las empresas anticiparse a las necesidades del mercado y ofrecer propuestas diferenciadoras.

Los datos proporcionan información valiosa sobre las preferencias, hábitos y expectativas de los clientes, lo que facilita la creación de soluciones adaptadas.

Fig. 8. Los datos permiten identificar tendencias emergentes y evaluar el éxito de prototipos o lanzamientos en fases tempranas

Un aspecto clave de la innovación basada en datos es la co-creación con el cliente, ya que las organizaciones pueden utilizar información proveniente de encuestas, interacciones en redes sociales y patrones de consumo para diseñar productos que respondan directamente a lo que el mercado demanda.

Para visualizar cómo los datos impulsan la innovación, se presentan algunos ejemplos:

- En el sector de la automoción, el análisis de datos recogidos de vehículos conectados permite diseñar modelos más seguros y eficientes, incorporando mejoras basadas en la experiencia real de los conductores.
- En el ámbito de la salud, el análisis de datos de pacientes facilita el desarrollo de tratamientos personalizados y dispositivos médicos inteligentes.
- En el comercio electrónico, las recomendaciones personalizadas se convierten en un servicio añadido que incrementa la satisfacción del cliente y diferencia a la empresa de la competencia.

Ejemplo

La empresa Nike lanzó la aplicación Nike Run Club, que recopila datos sobre la actividad física de los usuarios. Gracias a esta información, la compañía ha podido desarrollar zapatillas adaptadas a diferentes estilos de carrera y ofrecer programas de entrenamiento personalizados, logrando innovar en su catálogo de productos y reforzar su relación con los clientes.

La innovación impulsada por datos permite responder a las necesidades actuales y **anticiparse al futuro**, generando propuestas de valor que consolidan la posición competitiva de la empresa en el mercado.

2.1. Data Management

La **gestión de datos** (Data Management) se refiere al conjunto de procesos, técnicas y herramientas orientadas a recopilar, almacenar, organizar, proteger y utilizar los datos de una manera eficiente y segura. El objetivo principal es garantizar que la información esté disponible, sea confiable y pueda aprovecharse como un recurso estratégico para la toma de decisiones.

Fig. 9. En un entorno digital, los datos son un activo equiparable al capital financiero o humano, y su gestión adecuada marca la diferencia entre empresas que extraen valor de la información y aquellas que se pierden en la sobrecarga de datos irrelevantes

Los objetivos fundamentales de la gestión de datos se pueden resumir en cuatro grandes líneas:

- **Disponibilidad:** asegurar que los datos estén accesibles para quienes los necesiten en el momento oportuno.
- **Calidad:** mantener información precisa, coherente y actualizada, evitando duplicidades o errores.
- **Seguridad:** proteger los datos frente a accesos no autorizados, pérdidas o manipulaciones indebidas.
- **Usabilidad:** organizar la información de modo que resulte comprensible y pueda convertirse en conocimiento aplicable.

Para ilustrar el impacto de estos objetivos, se puede presentar una comparativa entre una empresa con una gestión adecuada de datos y otra sin ella:

Aspecto	Gestión de datos deficiente	Gestión de datos eficiente
Acceso a la información	Lento y desorganizado	Rápido y centralizado
Calidad de los datos	Datos duplicados, incompletos o desactualizados	Datos coherentes y precisos
Seguridad	Riesgo de filtraciones y pérdida de datos	Controles de acceso y copias de seguridad
Utilidad en la estrategia	Dificultad para analizar y decidir	Análisis confiable y toma de decisiones ágil

Una empresa de retail que gestiona sus datos mediante un sistema centralizado de inventarios puede conocer en tiempo real el stock disponible en cada tienda, lo que le permite ajustar pedidos, reducir costes de almacenamiento y evitar pérdidas de ventas por falta de producto.

A. Ciclo de vida de los datos

El ciclo de vida de los datos describe las diferentes fases por las que pasa la información desde que se genera hasta que deja de tener utilidad y se elimina o archiva de manera segura. Comprender este ciclo es esencial para garantizar una gestión eficaz, ya que cada etapa requiere prácticas específicas de control y mantenimiento.

Generalmente, el ciclo de vida de los datos se compone de seis fases principales:

1. **Creación o adquisición:** los datos se generan internamente (ejemplo: ventas registradas en un sistema ERP) o se adquieren de fuentes externas (encuestas, proveedores, open data).
2. **Almacenamiento:** los datos se guardan en sistemas que garantizan su seguridad y accesibilidad, como bases de datos o nubes privadas.
3. **Uso:** la información se utiliza en los procesos de negocio, en la elaboración de informes o en el desarrollo de estrategias.
4. **Compartición:** los datos se distribuyen entre departamentos o con socios estratégicos, siempre respetando las normativas de protección de datos.
5. **Archivado:** cuando los datos ya no son de uso frecuente, se trasladan a sistemas de almacenamiento de bajo coste, conservándolos por requisitos legales o históricos.
6. **Eliminación:** los datos que han perdido toda relevancia y no requieren conservación se eliminan de forma segura, garantizando la confidencialidad.

Para entender la importancia de cada fase, se puede observar el siguiente esquema aplicado a un ejemplo empresarial:

Fase	Ejemplo en una empresa de seguros
Creación	Registro de la póliza de un nuevo cliente
Almacenamiento	Incorporación de datos al CRM corporativo
Uso	Análisis de siniestros y elaboración de informes
Compartición	Envío de información al departamento legal
Archivado	Conservación de pólizas antiguas en sistemas de bajo coste
Eliminación	Borrado seguro de datos tras cumplir plazos legales

En el sector financiero, los datos de transacciones se generan en el momento de la compra, se almacenan en servidores seguros, se usan para controlar operaciones, se comparten con organismos reguladores, se archivan tras un período de tiempo y, finalmente, se eliminan para cumplir con la normativa de protección de datos.

El conocimiento de este ciclo permite a las organizaciones anticipar necesidades, aplicar controles adecuados en cada fase y evitar problemas de pérdida, filtración o desorganización de la información.

B. Calidad de datos y gobierno de datos (Data Governance)

La **calidad de los datos** es un aspecto esencial en la gestión de la información. Se refiere al grado en que los datos cumplen con requisitos de precisión, consistencia, integridad y actualidad.

Fig. 10. Un dato de baja calidad genera errores en los análisis y puede conducir a decisiones equivocadas, mientras que un dato de alta calidad incrementa la fiabilidad de la estrategia empresarial

Los principales criterios para evaluar la calidad de los datos son:

- **Exactitud:** los datos deben reflejar la realidad sin errores.
- **Coherencia:** la información no debe entrar en contradicción con otras fuentes.
- **Integridad:** los registros deben estar completos, sin valores vacíos relevantes.
- **Actualización:** los datos deben mantenerse al día, evitando obsolescencia.

El concepto de **gobierno de datos (Data Governance)** surge para asegurar que estas condiciones de calidad se cumplan de manera sistemática en toda la organización. Se trata de un marco de políticas, procesos y responsabilidades que regula el uso de los datos en la empresa, garantizando su coherencia, seguridad y disponibilidad.

Un ejemplo comparativo muestra cómo la calidad y el gobierno de datos afectan directamente al negocio:

Aspecto	Baja calidad de datos	Alta calidad de datos
Decisiones estratégicas	Basadas en información errónea o incompleta	Basadas en información confiable y precisa
Relación con el cliente	Correos enviados a direcciones inexistentes	Comunicación fluida y personalizada
Costes operativos	Duplicación de registros y procesos ineficientes	Optimización de recursos y reducción de errores
Cumplimiento normativo	Riesgo de sanciones por datos incorrectos	Cumplimiento riguroso de normativas como RGPD

Un banco que no mantiene datos actualizados sobre los ingresos de sus clientes puede conceder préstamos inadecuados, aumentando el riesgo de impagos. Con un sistema de gobierno de datos eficiente, los registros se revisan y validan regularmente, lo que garantiza decisiones financieras más seguras.

C. Herramientas de Data Management (ejemplos actuales)

Para llevar a cabo una gestión eficiente de los datos, las organizaciones cuentan con un amplio conjunto de herramientas de Data Management. Estas soluciones tecnológicas permiten recopilar, integrar, limpiar, almacenar y analizar la información de manera estructurada.

Entre las principales categorías de herramientas se encuentran:

- **Bases de datos relacionales y no relacionales:** como MySQL, PostgreSQL (relacionales) o MongoDB y Cassandra (NoSQL), que permiten almacenar y organizar grandes volúmenes de datos.
- **Plataformas de integración de datos:** como Talend o Apache NiFi, que facilitan la extracción, transformación y carga (ETL) de información desde diferentes fuentes.
- **Herramientas de calidad de datos:** como Informatica Data Quality o IBM InfoSphere QualityStage, orientadas a depurar, estandarizar y validar datos.
- **Sistemas de gobierno de datos:** como Collibra o Alation, que gestionan políticas, roles y responsabilidades en torno al uso de la información.
- **Plataformas en la nube:** como Google BigQuery, Amazon Redshift o Microsoft Azure Synapse, que combinan almacenamiento masivo con procesamiento avanzado.

Para comprender cómo se integran estas herramientas en la práctica, se puede mostrar un ejemplo de uso coordinado:

Fase de la gestión de datos	Herramienta	Función
Almacenamiento	PostgreSQL	Guardar registros estructurados de clientes
Integración	Talend	Combinar datos de CRM, ERP y redes sociales
Calidad	Informatica Data Quality	Eliminar duplicados y corregir errores
Gobierno	Collibra	Definir políticas de acceso y uso de datos
Análisis	BigQuery	Realizar consultas masivas en tiempo real

Una empresa de comercio electrónico puede utilizar MongoDB para almacenar datos de navegación web, Talend para integrarlos con información de su CRM, Informatica para limpiar duplicados de clientes, Collibra para regular el acceso de distintos departamentos y finalmente BigQuery para analizar patrones de compra y predecir la demanda de productos.

De esta manera, la combinación de herramientas adecuadas de Data Management garantiza que los datos fluyan correctamente a lo largo de toda la organización y se transformen en un recurso estratégico.

2.2. Business Intelligence

La Inteligencia de Negocio (Business Intelligence, BI) hace referencia al conjunto de metodologías, procesos y herramientas que permiten transformar los datos en información útil y conocimiento accionable para la empresa.

Fig. 11. La finalidad del BI es facilitar la toma de decisiones estratégicas y operativas basadas en evidencia objetiva, y no únicamente en intuición o experiencia previa

En su concepción más clásica, el BI se centraba en generar informes periódicos y estáticos, que ofrecían una visión retrospectiva del negocio. Sin embargo, con el paso del tiempo, la Inteligencia de Negocio ha evolucionado hacia sistemas dinámicos, interactivos y en tiempo real, que permiten explorar los datos con mayor flexibilidad.

La evolución de la Inteligencia de Negocio se puede entender en varias etapas:

- **Primera generación:** informes estáticos elaborados por departamentos de IT, con acceso restringido y tiempos largos de respuesta.
- **Segunda generación:** aparición de herramientas más accesibles para usuarios de negocio, con la posibilidad de generar consultas ad hoc.
- **Tercera generación:** BI moderno, caracterizado por visualizaciones interactivas, integración con múltiples fuentes de datos y accesibilidad desde cualquier dispositivo.

Un ejemplo comparativo permite observar cómo ha cambiado la utilidad del BI a lo largo del tiempo:

Etapa	Características	Ejemplo aplicado
BI clásico	Informes mensuales, elaborados por IT	Informe de ventas al cierre del mes
BI intermedio	Consultas ad hoc, paneles básicos	Análisis semanal de ventas por regiones
BI moderno	Cuadros de mando interactivos y en tiempo real	Visualización instantánea de KPIs durante una campaña digital

Una empresa de retail que antes recibía un informe de ventas mensual ahora puede, gracias al BI moderno, visualizar en tiempo real la evolución de las ventas por tienda, por producto y por campaña de marketing. Esto le permite corregir estrategias de forma inmediata.

A. Procesos ETL (Extract, Transform, Load)

El **proceso ETL (Extract, Transform, Load)** es un componente fundamental de la Inteligencia de Negocio. Se trata del procedimiento mediante el cual los datos provenientes de diferentes fuentes son extraídos, transformados y cargados en un sistema centralizado —como un *data warehouse*— para su posterior análisis.

El proceso consta de tres fases principales:

1. **Extracción (Extract):** se obtienen los datos desde diversas fuentes, que pueden ser bases de datos internas, hojas de cálculo, sistemas ERP/CRM o incluso plataformas externas.
2. **Transformación (Transform):** los datos se limpian, depuran y convierten a un formato uniforme. Aquí se eliminan duplicados, se corrigen errores y se aplican reglas de negocio.
3. **Carga (Load):** los datos transformados se incorporan a un almacén central (data warehouse) o a un sistema de análisis, desde donde pueden ser consultados y visualizados.

Este flujo garantiza que la información utilizada en la toma de decisiones sea coherente, precisa y consolidada.

Para comprender mejor el proceso, se puede ilustrar con un ejemplo de integración de datos en una empresa de e-commerce:

Fase	Fuente	Resultado
Extracción	Datos de ventas del ERP y datos de interacción web	Recolección de información en bruto
Transformación	Limpieza de registros duplicados, unificación de monedas y formatos de fecha	Datos homogéneos y coherentes
Carga	Incorporación al *data warehouse* corporativo	Información lista para visualización en Power BI

Ejemplo

Una compañía que vende tanto en tiendas físicas como online puede extraer datos de ambas plataformas, transformarlos para unificar el formato (por ejemplo, ventas en distintas divisas) y cargarlos en un sistema de BI. Así, obtiene una visión global y unificada del negocio, lo que le permite detectar con rapidez qué productos funcionan mejor en cada canal.

B. Cuadros de mando y KPI

Dentro de la Inteligencia de Negocio, los cuadros de mando (dashboards) son herramientas visuales que permiten concentrar en un solo espacio la información clave de la organización, facilitando la interpretación de los datos y la toma de decisiones.

Fig. 12. Los cuadros presentan métricas, indicadores y visualizaciones que ofrecen una visión global y en tiempo real del estado del negocio

Los cuadros de mando se apoyan en los KPI (Key Performance Indicators), que son indicadores clave de desempeño utilizados para medir el progreso hacia los objetivos estratégicos. Un KPI debe ser específico, medible, alcanzable, relevante y temporal (SMART).

Se pueden comparar diferentes tipos de indicadores en un cuadro de mando empresarial:

Área de la empresa	KPI	Objetivo medido
Ventas	Tasa de conversión	Medir cuántos visitantes se convierten en clientes
Marketing	Coste por adquisición (CPA)	Calcular cuánto cuesta captar un nuevo cliente
Operaciones	Tiempo medio de entrega	Evaluar la eficiencia logística
Atención al cliente	Nivel de satisfacción (NPS)	Conocer la percepción del cliente sobre el servicio

Ejemplo

Un comercio electrónico puede configurar un cuadro de mando en el que observe diariamente el número de pedidos recibidos, el ticket promedio, la tasa de abandono del carrito y el nivel de satisfacción posventa. De esta forma, los responsables pueden actuar rápidamente si detectan una caída en las ventas o un aumento en las quejas.

El valor principal de un cuadro de mando es su capacidad para ofrecer una visión integral y actualizada que conecta directamente con los objetivos estratégicos de la organización.

C. Herramientas de BI más utilizadas (Power BI, Tableau, Qlik)

En la actualidad existen diversas herramientas que facilitan la implementación de la Inteligencia de Negocio en las empresas. Las más utilizadas son Power BI, Tableau y Qlik, cada una con características particulares que las hacen más adecuadas según las necesidades de la organización.

- **Power BI (Microsoft):** destaca por su facilidad de integración con el ecosistema Microsoft (Excel, Azure, Teams).

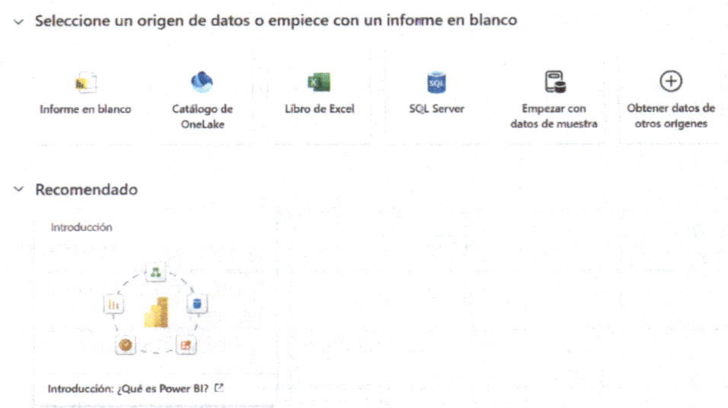

Fig. 13. Power BI permite crear dashboards interactivos y conectarse a múltiples fuentes de datos

Es muy valorada por su accesibilidad y coste competitivo.

- **Tableau:** reconocida por la potencia y calidad de sus visualizaciones, así como por la flexibilidad en la manipulación de datos. Es una herramienta muy utilizada en empresas que requieren análisis avanzados y visuales de alto nivel.

- **Qlik (Qlik Sense y QlikView):** se diferencia por su motor asociativo, que permite explorar datos de forma intuitiva y descubrir relaciones no evidentes. Ofrece potentes capacidades de autoservicio para los usuarios de negocio.

Para comparar estas herramientas, se presenta la siguiente tabla:

Herramienta	Ventajas principales	Casos de uso frecuentes
Power BI	Integración con Office 365, facilidad de uso, coste accesible	Empresas que usan Microsoft y necesitan cuadros de mando rápidos
Tableau	Visualizaciones de alta calidad, exploración flexible	Empresas que requieren análisis visual avanzado
Qlik	Motor asociativo, descubrimiento de relaciones ocultas	Empresas que buscan análisis exploratorio y autoservicio

Una compañía de telecomunicaciones puede utilizar Tableau para analizar en detalle patrones de consumo de sus clientes y detectar segmentos con alto riesgo de baja. Al mismo tiempo, puede implementar Power BI para que los directivos consulten en tiempo real indicadores generales como ingresos, altas y bajas de clientes, integrándolo con Excel y Teams.

De esta forma, cada herramienta de BI cumple un rol en función de las características del negocio y de la profundidad analítica que se requiera.

2.3. Arquitecturas Big Data

Una arquitectura Big Data es el conjunto de tecnologías, procesos y estructuras que permiten capturar, almacenar, procesar y analizar grandes volúmenes de datos, generalmente caracterizados por las 3V: volumen, variedad y velocidad.

Para que una arquitectura Big Data sea eficaz, suele incluir los siguientes componentes principales:

- **Fuentes de datos:** lugares de origen de la información, que pueden ser transacciones digitales, redes sociales, sensores IoT, registros de sistemas internos o datos abiertos.
- **Ingesta de datos:** procesos que trasladan la información desde las fuentes hasta el sistema de almacenamiento, normalmente mediante herramientas como Apache Kafka o Flume.
- **Almacenamiento:** repositorios capaces de guardar datos estructurados, semiestructurados y no estructurados, en bases de datos distribuidas o en sistemas en la nube.
- **Procesamiento:** motores que permiten transformar y analizar la información, tanto en lotes (batch) como en tiempo real (streaming). Ejemplos habituales son Hadoop y Spark.

- **Análisis y visualización:** herramientas de BI y analítica avanzada que convierten los datos en información comprensible, a través de cuadros de mando, modelos predictivos o algoritmos de Machine Learning.
- **Gobernanza y seguridad:** mecanismos de control para garantizar la calidad, confidencialidad y acceso adecuado a los datos.

Para comprender mejor, se puede resumir en un esquema funcional:

Componente	Función principal	Ejemplo de tecnología
Fuentes de datos	Generación de información	Sensores IoT, redes sociales
Ingesta	Transporte de datos	Apache Kafka, Flume
Almacenamiento	Guardar grandes volúmenes de datos	Hadoop HDFS, Amazon S3
Procesamiento	Transformar y analizar	Apache Spark, Hive
Visualización	Presentar resultados	Power BI, Tableau
Gobernanza	Calidad, seguridad y control	Collibra, Ranger

Ejemplo

Una empresa de logística puede recoger datos de sus vehículos mediante sensores IoT, trasladarlos con Kafka a un sistema de almacenamiento en la nube como Amazon S3, procesarlos con Spark para analizar rutas más eficientes y finalmente visualizar los resultados en Power BI para los gestores de flota.

Uno de los elementos clave en el Big Data es el uso de **sistemas distribuidos**. Este enfoque resuelve la limitación de los sistemas tradicionales, incapaces de manejar por sí solos volúmenes de datos tan grandes y complejos.

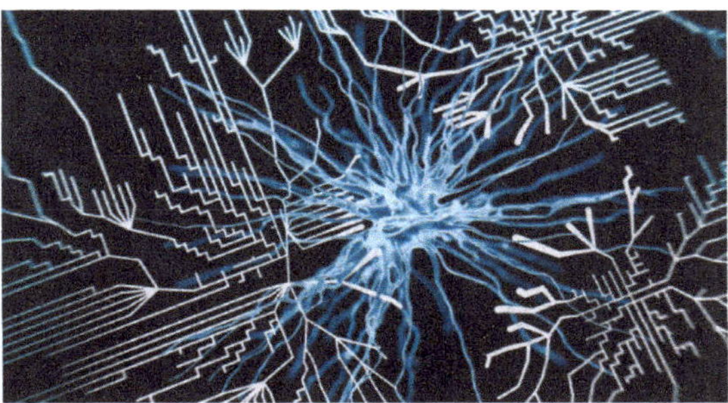

Fig. 14. El uso de sistemas distribuidos permite dividir el procesamiento y almacenamiento de datos en múltiples nodos o servidores interconectados

La idea principal es que, en lugar de depender de un único servidor, la carga de trabajo se reparte entre muchos, lo que garantiza mayor escalabilidad, resiliencia y rapidez.

En cuanto al almacenamiento masivo, los sistemas distribuidos se apoyan en tecnologías como:

- **HDFS (Hadoop Distributed File System):** sistema que divide los archivos en bloques y los almacena en varios nodos para aumentar la disponibilidad.
- **Bases de datos NoSQL (MongoDB, Cassandra):** diseñadas para gestionar grandes cantidades de datos no estructurados.
- **Almacenamiento en la nube (Amazon S3, Google Cloud Storage, Azure Blob Storage):** soluciones escalables y flexibles que permiten gestionar datos sin necesidad de infraestructuras físicas propias.

Para visualizar las ventajas, se puede observar la comparación entre un sistema centralizado y uno distribuido:

Aspecto	Sistema centralizado	Sistema distribuido
Escalabilidad	Limitada por la capacidad de un solo servidor	Ampliable añadiendo nuevos nodos
Resiliencia	Riesgo alto de fallo único	Alta tolerancia a fallos (datos replicados en nodos)
Costes	Inversión elevada en hardware potente	Uso de hardware estándar y escalable
Rendimiento	Procesamiento más lento en grandes volúmenes	Procesamiento paralelo y más rápido

Una red social como Facebook gestiona miles de millones de interacciones diarias. Para hacerlo posible, utiliza sistemas distribuidos que dividen los datos entre distintos servidores repartidos globalmente, garantizando que los usuarios puedan acceder a su información en cualquier momento y lugar, sin interrupciones ni pérdidas de datos.

Dentro de las arquitecturas Big Data, existen plataformas específicas que se han consolidado como referentes para el procesamiento masivo de datos. Las más destacadas son Hadoop y Apache Spark, aunque no son las únicas en el ecosistema Big Data.

- **Hadoop:** es un marco de código abierto que permite almacenar y procesar grandes volúmenes de datos en sistemas distribuidos. Su núcleo es HDFS (Hadoop Distributed File System), que divide los datos en bloques y los distribuye entre varios nodos. Hadoop trabaja principalmente en procesamiento por lotes (*batch*), lo que lo hace ideal para analizar grandes conjuntos de datos que no requieren resultados inmediatos.

- **Apache Spark:** surgió como una evolución de Hadoop. Se centra en el procesamiento en memoria, lo que permite realizar análisis mucho más rápidos. A diferencia de Hadoop, Spark puede trabajar tanto en procesamiento por lotes como en tiempo real (*streaming*), lo que lo hace especialmente útil en aplicaciones como monitorización de redes sociales o análisis de sensores IoT.
- **Otros entornos relevantes:** además de Hadoop y Spark, existen plataformas como Flink (orientada al procesamiento en tiempo real), Storm (procesamiento de flujos de datos) o Hive (que facilita consultas SQL sobre datos en Hadoop). En el ámbito de la nube, proveedores como Google BigQuery, Amazon Redshift y Azure Synapse ofrecen soluciones que combinan escalabilidad y facilidad de uso.

Se expone una comparativa:

Característica	Hadoop	Spark
Tipo de procesamiento	Lotes (batch)	Lotes y tiempo real (streaming)
Velocidad	Más lento, trabaja en disco	Muy rápido, trabaja en memoria
Complejidad	Alta, requiere mayor configuración	Más flexible e intuitivo
Uso típico	Análisis de grandes volúmenes históricos	Monitorización en tiempo real y análisis predictivo

Un hospital que recopila historiales médicos puede usar Hadoop para almacenar y analizar grandes cantidades de datos históricos de pacientes, mientras que Spark puede emplearse para analizar en tiempo real los datos recogidos por dispositivos médicos conectados, detectando anomalías que requieren atención inmediata.

Las arquitecturas Big Data deben ser **escalables y flexibles** para responder al crecimiento constante del volumen de datos y a las necesidades cambiantes de las organizaciones.

- **Escalabilidad:** se refiere a la capacidad de un sistema para aumentar su rendimiento añadiendo más recursos (como servidores o nodos) sin perder eficiencia. Una arquitectura escalable permite crecer de manera progresiva, acompañando el desarrollo de la empresa sin necesidad de reemplazar toda la infraestructura.

- **Flexibilidad:** implica la capacidad del sistema para adaptarse a diferentes tipos de datos (estructurados, semiestructurados, no estructurados), a múltiples fuentes y a nuevas aplicaciones o herramientas analíticas.

Para visualizar la diferencia, se puede presentar una comparación:

Característica	Baja escalabilidad/flexibilidad	Alta escalabilidad/flexibilidad
Volumen de datos	Limitación en el almacenamiento	Crece sin límite añadiendo nodos
Tipos de datos	Solo estructurados (tablas)	Estructurados, semiestructurados y no estructurados
Adaptación a nuevas necesidades	Requiere rediseño completo del sistema	Permite incorporar nuevas herramientas sin interrupciones
Costes	Elevados al tener que renovar sistemas enteros	Controlados, al ampliarse progresivamente

Ejemplo

Una empresa de streaming que comienza con pocos usuarios puede diseñar su arquitectura Big Data en la nube, añadiendo más capacidad de procesamiento y almacenamiento a medida que crece la base de clientes. Gracias a la escalabilidad, no necesita realizar una inversión inicial desproporcionada. A la vez, la flexibilidad le permite analizar tanto datos estructurados (suscripciones y pagos) como no estructurados (comentarios de usuarios en redes sociales).

La **escalabilidad** asegura que la infraestructura pueda crecer al ritmo de los datos, mientras que la **flexibilidad** garantiza que pueda adaptarse a nuevas fuentes y aplicaciones, ofreciendo a la empresa una base tecnológica preparada para el futuro.

2.4. Visualización y toma de decisiones

La **visualización de datos** es el proceso de representar información mediante elementos gráficos (tablas, diagramas, gráficos interactivos) con el fin de hacerla más comprensible y facilitar la toma de decisiones. Un conjunto de números puede resultar difícil de interpretar, mientras que una representación visual permite identificar patrones, tendencias o anomalías de forma inmediata.

Para que una visualización sea efectiva, debe seguir ciertos principios:

- **Claridad:** los gráficos deben ser fáciles de entender, evitando elementos innecesarios que distraigan al usuario.

- **Precisión:** la representación debe reflejar fielmente los datos, sin manipular escalas o proporciones que lleven a conclusiones erróneas.

- **Relevancia:** los gráficos deben estar alineados con los objetivos de análisis, mostrando solo la información clave para la decisión.

- **Consistencia:** es recomendable mantener colores, tipografías y formatos uniformes para facilitar la comparación.

- **Interactividad:** cuando es posible, los *dashboards* interactivos permiten explorar los datos desde diferentes ángulos, lo que enriquece el análisis.

Fig. 15. Un cuadro con miles de filas puede resultar ilegible, mientras que un gráfico de barras que muestre la evolución mensual permite detectar rápidamente si las ventas están creciendo o decreciendo

Una empresa de turismo que analiza datos de reservas puede visualizar los destinos más solicitados en un mapa interactivo. Esto le permite identificar de un vistazo qué regiones concentran mayor demanda y tomar decisiones estratégicas sobre dónde invertir en campañas de marketing.

Existen múltiples tipos de gráficos para visualizar datos, pero no todos son adecuados en cualquier contexto. La elección del gráfico correcto depende del tipo de información que se desee comunicar.

Los más utilizados y sus aplicaciones principales son los siguientes:

Tipo de gráfico	Uso recomendado	Ejemplo aplicado
Barras	Comparar valores entre diferentes categorías	Ventas por producto en una misma región
Líneas	Mostrar evolución en el tiempo (tendencias)	Evolución de ingresos trimestrales
Sectores (tarta)	Representar proporciones de un total	Distribución porcentual de cuota de mercado
Mapas de calor	Detectar concentraciones o intensidades	Horas de mayor tráfico en una web
Dispersión	Analizar relaciones entre dos variables	Relación entre inversión en marketing y ventas
Mapas geográficos	Visualizar información vinculada a la localización	Número de clientes por provincia
Histogramas	Representar la frecuencia de valores en intervalos	Distribución de edades de los clientes

Algunos errores frecuentes en la selección de gráficos pueden distorsionar el análisis. Por ejemplo:

- Usar un gráfico de tarta con demasiadas categorías puede dificultar la lectura, siendo preferible un gráfico de barras.
- Representar datos temporales con gráficos de barras puede ocultar tendencias que se observan claramente con un gráfico de líneas.

Un responsable de marketing analiza la efectividad de tres campañas publicitarias. Si utiliza un gráfico de líneas para comparar las campañas, el resultado será confuso, ya que no se trata de una evolución temporal. En este caso, el gráfico correcto sería de barras, mostrando la conversión lograda por cada campaña de manera directa y clara.

A. Storytelling con datos

El storytelling con datos es la práctica de comunicar información compleja a través de una narrativa visual clara y atractiva. No basta con mostrar gráficos y cifras: la clave está en convertir los datos en una historia que conecte con los objetivos de negocio y facilite la toma de decisiones.

Un buen *storytelling* combina tres elementos:

- **Datos confiables:** la historia debe basarse en información verificada y relevante.
- **Visualizaciones efectivas:** gráficos que apoyen la narrativa, sin sobrecargar al usuario.
- **Contexto y mensaje:** los datos deben responder a una pregunta clave, como "¿qué está pasando?", "¿por qué ocurre?" o "¿qué acción debemos tomar?".

El valor del *storytelling* radica en que permite dar sentido a los números y orientarlos hacia una conclusión práctica.

Fig. 16. Un gráfico de barras puede mostrar que las ventas han aumentado, pero si la narrativa lo conecta con una campaña específica, el mensaje se convierte en una lección accionable para futuras decisiones

Un ejemplo concreto permite ilustrar esta idea:

- **Datos brutos:** "Las ventas aumentaron un 15% en el último trimestre".
- **Historia con datos:** "Gracias a la campaña digital en redes sociales, dirigida al segmento joven, las ventas de productos deportivos aumentaron un 15% en el último trimestre, lo que demuestra que la estrategia de segmentación fue acertada".

Una ONG que analiza donaciones puede elaborar un *storytelling* en el que muestre cómo una campaña de recaudación digital atrajo a nuevos donantes de entre 25 y 35 años, destacando con gráficos interactivos la evolución en tiempo real. La narrativa conecta los datos con un resultado claro: la efectividad de focalizarse en ese segmento generacional.

Las herramientas de visualización son fundamentales para transformar datos en gráficos comprensibles y atractivos. Estas soluciones permiten a los usuarios explorar la información de manera interactiva y crear *dashboards* que faciliten el análisis.

Entre las más utilizadas destacan:

- **Power BI (Microsoft):** ampliamente usado en empresas que trabajan con Office 365. Permite crear cuadros de mando dinámicos y conectarse a múltiples fuentes de datos con gran facilidad.
- **Tableau:** especializado en visualizaciones avanzadas y muy valorado en análisis exploratorio de datos. Ofrece dashboards interactivos con un alto nivel de personalización.
- **Qlik Sense:** basado en un motor asociativo que facilita descubrir relaciones ocultas en los datos. Es ideal para análisis exploratorios y autoservicio.
- **Google Data Studio (Looker Studio):** herramienta gratuita y basada en la nube, orientada a la integración de datos de marketing digital y fácil de usar para pymes.
- **D3.js:** librería de JavaScript para crear visualizaciones personalizadas, muy utilizada por desarrolladores que requieren gráficos avanzados y flexibles.

Para visualizar las diferencias, se expone la siguiente tabla:

Herramienta	Ventajas	Uso más frecuente
Power BI	Integración con Excel y Teams, coste accesible	Dashboards corporativos en empresas medianas y grandes
Tableau	Visualizaciones avanzadas y flexibles	Análisis detallado y *storytelling* con datos
Qlik Sense	Descubrimiento de patrones y análisis asociativo	Exploración de datos complejos en tiempo real
Google Data Studio	Gratuita y en la nube, integración con Google Ads y Analytics	Marketing digital y pymes
D3.js	Alta personalización en visualizaciones	Proyectos específicos y a medida

Una empresa de comercio electrónico puede usar Power BI para monitorizar en tiempo real las ventas por región y canal, mientras que el equipo de marketing emplea Google Data Studio para visualizar la efectividad de sus campañas de Google Ads. Al mismo tiempo, los analistas de datos recurren a Tableau para explorar patrones de comportamiento de clientes y generar informes detallados para la dirección.

De este modo, cada herramienta se ajusta a necesidades distintas, desde la comunicación ejecutiva hasta el análisis técnico avanzado.

3. Utilización de técnicas y recursos para el análisis de datos

El valor del **Big Data** no reside únicamente en la acumulación de información, sino en la capacidad de analizarla y transformarla en conocimiento útil. Para lograrlo, es necesario aplicar un conjunto de técnicas y recursos que permitan explorar, interpretar y aprovechar los datos en distintos niveles de complejidad.

En un entorno empresarial, el análisis de datos cumple varias funciones esenciales: desde describir lo que ha ocurrido en el pasado (análisis descriptivo), explicar las razones de esos resultados (análisis diagnóstico), anticipar lo que puede ocurrir en el futuro (análisis predictivo) hasta recomendar acciones concretas para alcanzar objetivos (análisis prescriptivo). Cada una de estas etapas requiere metodologías específicas, así como herramientas adaptadas a diferentes volúmenes y tipos de información.

Los avances tecnológicos han facilitado el acceso a técnicas que antes solo estaban al alcance de grandes corporaciones o centros de investigación.

Fig. 17. Hoy en día, tanto pequeñas como grandes empresas pueden recurrir a soluciones en la nube, librerías de análisis estadístico, entornos de Machine Learning o plataformas de visualización para enriquecer sus decisiones estratégicas

Además, el análisis de datos no se limita a un único ámbito de aplicación. Se encuentra presente en sectores tan diversos como el comercio, la sanidad, la industria o el marketing digital, donde permite desde optimizar procesos hasta desarrollar productos innovadores o personalizar la relación con los clientes.

3.1. Big Data & Analytics: Disciplinas científicas

El análisis de datos se apoya en un conjunto de disciplinas científicas que aportan métodos, modelos y herramientas para transformar grandes volúmenes de información en conocimiento práctico. Entre ellas destacan la estadística, la inteligencia artificial, el *machine learning*, el procesamiento del lenguaje natural y el análisis de redes. Estas disciplinas se complementan y permiten abordar problemas desde diferentes perspectivas: descriptiva, predictiva y prescriptiva.

A. Estadística aplicada al análisis de datos

La estadística es una de las disciplinas más antiguas y fundamentales en el análisis de datos. Proporciona técnicas para describir, resumir e interpretar la información, así como para extraer conclusiones a partir de muestras y realizar inferencias sobre poblaciones más amplias.

Las principales aplicaciones de la estadística en el Big Data son:

- **Análisis descriptivo:** mediante medidas de tendencia central (media, mediana, moda) y dispersión (varianza, desviación estándar), se resumen grandes conjuntos de datos.
- **Inferencia estadística:** a partir de una muestra, se realizan estimaciones y pruebas de hipótesis que permiten generalizar resultados.
- **Modelos de regresión:** ayudan a identificar relaciones entre variables, por ejemplo, cómo influye el gasto en publicidad en las ventas.
- **Detección de anomalías:** técnicas estadísticas permiten descubrir valores atípicos que pueden indicar errores o situaciones excepcionales.

Para visualizar su importancia, se puede comparar cómo un problema se interpreta con y sin estadística:

Situación	Sin análisis estadístico	Con análisis estadístico
Evaluar la satisfacción del cliente	Opiniones anecdóticas recogidas al azar	Encuesta con resultados representativos y significativos
Analizar ventas	Observación de cifras aisladas	Identificación de tendencias y patrones a lo largo del tiempo

Una cadena de hoteles utiliza análisis estadístico para procesar encuestas de satisfacción. En lugar de basarse en opiniones individuales, calcula el promedio de satisfacción, identifica la variación entre diferentes establecimientos y detecta qué factores (limpieza, ubicación, precio) impactan más en la experiencia del cliente.

B. Machine Learning y técnicas de predicción

El **Machine Learning (aprendizaje automático)** es una rama de la inteligencia artificial que permite a los sistemas aprender de los datos y mejorar su rendimiento sin estar explícitamente programados.

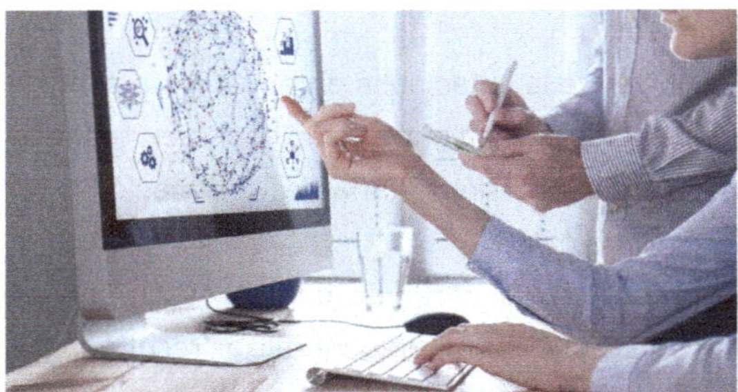

Fig. 18. El gran valor del Machine Learning en el análisis de Big Data es la capacidad de detectar patrones complejos y realizar predicciones a partir de grandes volúmenes de información

Los principales enfoques de Machine Learning son:

- **Aprendizaje supervisado:** el sistema se entrena con datos que ya incluyen la respuesta correcta (por ejemplo, predecir si un cliente abandonará un servicio en función de su historial).
- **Aprendizaje no supervisado:** se busca encontrar estructuras ocultas en los datos sin etiquetas previas (como segmentar clientes en grupos con hábitos similares).
- **Aprendizaje por refuerzo:** el sistema aprende mediante ensayo y error, optimizando decisiones en función de recompensas (por ejemplo, en algoritmos de recomendación).

Las técnicas de predicción basadas en Machine Learning permiten anticipar tendencias y comportamientos futuros. Algunos ejemplos habituales son:

- **Modelos de clasificación:** determinar si un correo es spam o no.
- **Modelos de regresión:** prever el precio de la vivienda según características como ubicación, tamaño y año de construcción.

- **Redes neuronales:** útiles para el reconocimiento de imágenes, voz o patrones complejos.

Para entender mejor su utilidad, se puede observar un caso comparativo:

Aplicación	Técnica de predicción	Beneficio
E-commerce	Algoritmo de recomendación basado en aprendizaje supervisado	Aumenta las ventas cruzadas sugiriendo productos
Banca	Modelos de clasificación para evaluar riesgo de crédito	Reduce la probabilidad de impagos
Sanidad	Algoritmos predictivos para detectar enfermedades	Diagnósticos más tempranos y precisos

Una empresa de telecomunicaciones aplica algoritmos de Machine Learning para predecir la probabilidad de que un cliente cancele su contrato. Gracias al modelo, puede identificar a los usuarios en riesgo de abandono y ofrecerles promociones personalizadas para mejorar su fidelización.

C. Procesamiento del lenguaje natural

El procesamiento del lenguaje natural (PLN o NLP, por sus siglas en inglés) es una disciplina que combina la lingüística, la informática y la inteligencia artificial con el objetivo de que las máquinas puedan comprender, interpretar y generar lenguaje humano.

Fig. 19. En el contexto del Big Data, el PLN resulta especialmente útil para analizar datos no estructurados, como textos en redes sociales, correos electrónicos, reseñas de clientes o artículos de prensa

Estos datos representan un porcentaje muy elevado de la información generada a diario y contienen un valor estratégico difícil de aprovechar sin estas técnicas.

Algunas de sus aplicaciones más comunes son:

- **Análisis de sentimiento:** detectar si los comentarios de clientes en redes sociales son positivos, negativos o neutros.
- **Clasificación de textos:** organizar automáticamente correos electrónicos o noticias en categorías relevantes.
- **Extracción de información:** identificar entidades como nombres de productos, marcas o lugares en grandes volúmenes de texto.
- **Chatbots y asistentes virtuales:** proporcionar atención al cliente automatizada mediante conversaciones naturales.

Para comprender mejor su utilidad, se puede observar un ejemplo comparativo:

Situación	Sin PLN	Con PLN
Opiniones de clientes en una tienda online	Lectura manual de miles de comentarios	Algoritmo que resume el nivel de satisfacción en segundos
Atención al cliente	Respuestas manuales a todas las consultas	Chatbot que resuelve automáticamente dudas frecuentes

Una aerolínea utiliza PLN para analizar en tiempo real los mensajes publicados en Twitter. El sistema identifica rápidamente quejas relacionadas con retrasos en vuelos y alerta al equipo de atención, permitiendo dar una respuesta proactiva antes de que se multipliquen las críticas.

D. Análisis de redes sociales

El **análisis de redes sociales** es una técnica orientada a estudiar la información generada en plataformas como Facebook, Twitter, Instagram o LinkedIn.

Fig. 20. Las redes constituyen una de las fuentes de datos más valiosas, ya que reflejan en tiempo real las opiniones, comportamientos y tendencias de millones de usuarios

Este análisis puede realizarse en diferentes niveles:

- **Métricas de interacción:** número de "me gusta", comentarios, compartidos o retuits.
- **Análisis de audiencias:** identificación de perfiles de usuarios, sus intereses y patrones de comportamiento.
- **Detección de tendencias:** seguimiento de *hashtags*, temas emergentes o menciones a la marca.
- **Mapeo de redes:** estudio de las relaciones entre usuarios, influyentes y comunidades.

La utilidad del análisis de redes sociales puede ilustrarse en el siguiente cuadro:

Objetivo empresarial	Dato analizado	Beneficio obtenido
Mejorar reputación de marca	Comentarios negativos en redes	Responder a críticas y mejorar la imagen
Optimizar campañas	Alcance e interacción de publicaciones	Ajustar contenidos al público más receptivo
Identificar influenciadores	Número de seguidores e interacciones de usuarios	Colaborar con perfiles clave para ampliar visibilidad
Detectar tendencias	Uso de hashtags en aumento	Anticiparse a demandas del mercado

Una marca de bebidas analiza menciones en Instagram y detecta que los consumidores asocian sus productos a eventos deportivos. A partir de este hallazgo, decide patrocinar competiciones locales y lanzar campañas vinculadas al deporte, incrementando así su conexión con el público objetivo.

3.2. Transformación Digital e IoT

La transformación digital implica la integración de tecnologías avanzadas en todos los ámbitos de la empresa con el objetivo de mejorar procesos, generar nuevos modelos de negocio y optimizar la relación con los clientes. En este proceso, el Internet de las Cosas (IoT) desempeña un papel fundamental, ya que conecta objetos físicos a internet y permite generar datos en tiempo real que alimentan el ecosistema Big Data.

El **Internet de las Cosas (IoT)** se refiere a la red de dispositivos físicos —sensores, máquinas, electrodomésticos, vehículos— conectados entre sí y a internet, capaces de recopilar, intercambiar y procesar datos sin intervención humana directa.

Fig. 21. El concepto de IoT amplía la digitalización más allá de los ordenadores y móviles, incorporando objetos cotidianos que generan información constante y permiten nuevas formas de control y análisis

Las principales características del IoT son:

- **Conectividad:** los dispositivos están interconectados mediante redes inalámbricas o móviles.
- **Sensores:** capturan datos del entorno (temperatura, humedad, movimiento, localización).
- **Automatización:** posibilitan la toma de decisiones automáticas sin intervención humana.
- **Interoperabilidad:** permiten que diferentes dispositivos y sistemas se comuniquen entre sí.

Un reloj inteligente recopila datos de actividad física, sueño y ritmo cardíaco, los envía a una aplicación móvil y permite al usuario conocer su estado de salud en tiempo real. Al mismo tiempo, esos datos pueden ser utilizados por médicos o aseguradoras para ofrecer servicios personalizados.

El IoT tiene un impacto directo en múltiples sectores, ya que aporta eficiencia, reducción de costes e innovación en productos y servicios. Sus aplicaciones pueden clasificarse en dos grandes ámbitos: la industria y los servicios.

En la **industria**, las aplicaciones más relevantes son:

- **Mantenimiento predictivo:** sensores en maquinaria detectan anomalías antes de que se produzca una avería.
- **Gestión de inventarios:** sistemas automatizados que registran en tiempo real el stock disponible.
- **Optimización de procesos:** análisis de datos de producción para reducir consumo energético y tiempos de fabricación.
- **Logística inteligente:** seguimiento de envíos y control de la cadena de suministro con sensores GPS y de temperatura.

En los **servicios**, el IoT se aplica de forma creciente en:

- **Salud digital:** dispositivos médicos conectados que permiten monitorizar a pacientes a distancia.
- **Smart cities:** alumbrado público inteligente, gestión de residuos y control del tráfico en tiempo real.
- **Comercio minorista:** análisis del comportamiento de los clientes en tienda mediante sensores de movimiento.
- **Hogar conectado:** electrodomésticos que optimizan el consumo energético y mejoran la comodidad del usuario.

Un ejemplo comparativo ayuda a visualizar su impacto:

Sector	Aplicación IoT	Beneficio obtenido
Industria automotriz	Sensores en vehículos conectados	Mayor seguridad y mantenimiento predictivo
Sanidad	Dispositivos portátiles de monitorización	Atención médica más personalizada
Retail	Etiquetas inteligentes (RFID)	Control automático de inventario
Ciudades	Semáforos inteligentes	Reducción de atascos y mejora del tráfico

Una empresa de transporte de alimentos perecederos instala sensores en sus camiones para monitorizar la temperatura durante el trayecto. Gracias al IoT, recibe alertas en tiempo real si se supera el rango permitido, evitando pérdidas de mercancía y garantizando la calidad del producto hasta su destino.

Las **smart cities** son un ejemplo emblemático de cómo el IoT impulsa la transformación digital a nivel urbano.

Fig. 22. Las smart cities son ciudades que utilizan sensores, dispositivos conectados y plataformas digitales para optimizar recursos, mejorar la calidad de vida de los ciudadanos y promover la sostenibilidad

Los principales ámbitos de aplicación en las *smart cities* son:

- **Movilidad inteligente:** gestión del tráfico mediante semáforos adaptativos y sistemas de transporte conectados.

- **Consumo energético:** alumbrado público que se ajusta automáticamente según la luz ambiental o la presencia de peatones.

- **Gestión de residuos:** contenedores equipados con sensores que informan sobre su nivel de llenado, optimizando rutas de recogida.

- **Seguridad ciudadana:** cámaras y sistemas de detección que ayudan a vigilar espacios públicos en tiempo real.

- **Participación ciudadana:** aplicaciones móviles que permiten a los habitantes informar sobre incidencias o acceder a servicios municipales de forma ágil.

Se ilustra, a continuación, su funcionamiento:

Área urbana	Solución IoT aplicada	Beneficio
Transporte	Semáforos inteligentes y apps de movilidad	Menos congestión y reducción de emisiones
Energía	Alumbrado adaptativo	Ahorro energético y menor contaminación lumínica
Residuos	Contenedores con sensores	Rutas más eficientes y reducción de costes
Servicios públicos	Apps de participación ciudadana	Mayor cercanía entre administración y ciudadanos

En Barcelona, los sensores instalados en plazas de aparcamiento indican en tiempo real cuáles están libres, lo que reduce el tiempo que los conductores emplean en buscar sitio, disminuye la congestión y mejora la eficiencia del transporte urbano.

El IoT ofrece enormes oportunidades, pero también plantea importantes desafíos que deben abordarse para aprovechar todo su potencial.

Entre las oportunidades destacan:

- **Eficiencia operativa:** permite optimizar procesos industriales, logísticos y de servicios.
- **Nuevos modelos de negocio:** posibilita la creación de servicios basados en suscripción, mantenimiento predictivo o productos conectados.
- **Mejora de la experiencia del cliente:** facilita la personalización y el seguimiento en tiempo real.
- **Sostenibilidad:** contribuye a un uso más racional de recursos como energía, agua o transporte.

Sin embargo, también existen desafíos importantes:

- **Seguridad y privacidad:** millones de dispositivos conectados aumentan el riesgo de ciberataques y fugas de información.

- **Estandarización:** la falta de protocolos universales puede dificultar la interoperabilidad entre dispositivos de distintos fabricantes.
- **Gestión de datos masivos:** el enorme volumen de información generado requiere infraestructuras robustas y arquitecturas escalables.
- **Costes de implementación:** la instalación y mantenimiento de dispositivos IoT puede ser elevada para algunas organizaciones o administraciones.

Para entender el equilibrio entre retos y beneficios, se puede presentar la siguiente síntesis:

Dimensión	Oportunidad	Desafío
Operaciones	Procesos más eficientes	Integración tecnológica compleja
Negocio	Nuevos servicios conectados	Inversión inicial elevada
Ciudadanía	Mejor calidad de vida	Riesgos para la privacidad
Medio ambiente	Reducción de consumo energético	Necesidad de gestión de residuos tecnológicos

Ejemplo

En la agricultura inteligente, los sensores IoT permiten medir la humedad del suelo y activar automáticamente sistemas de riego solo cuando es necesario. Esto supone un gran avance en sostenibilidad, pero también implica el desafío de mantener dispositivos distribuidos en áreas rurales, donde a veces la conectividad es limitada.

4. Liderazgo y Gestión de proyectos de dato

La gestión de proyectos basados en datos requiere un liderazgo adaptado a los entornos digitales y una combinación de habilidades técnicas, estratégicas y humanas.

Fig. 23. No se trata únicamente de implantar herramientas tecnológicas, sino de integrar la cultura del dato en la organización, garantizar que la información se utilice de forma ética y eficiente, y convertir los resultados del análisis en acciones que generen valor real

El liderazgo en proyectos de datos se caracteriza por algunos aspectos clave:

- **Visión estratégica:** comprender cómo los datos se alinean con los objetivos del negocio y priorizar proyectos que aporten mayor impacto.
- **Capacidad de coordinación:** integrar equipos multidisciplinares formados por analistas, ingenieros, especialistas en negocio y responsables de seguridad.
- **Gestión del cambio:** guiar a la organización en el proceso de adaptación hacia una mentalidad "data-driven", superando resistencias internas.
- **Comunicación efectiva:** traducir resultados técnicos en mensajes claros para la alta dirección y los diferentes departamentos.

La gestión de proyectos de dato sigue una metodología similar a la de otros proyectos empresariales, pero con particularidades derivadas del manejo de grandes volúmenes de información. Sus fases principales suelen ser:

1. **Definición del objetivo:** identificar claramente qué problema se quiere resolver o qué oportunidad se busca aprovechar mediante el análisis de datos.
2. **Identificación de fuentes de datos:** determinar de dónde se obtendrá la información, ya sea interna, externa o de terceros.
3. **Preparación de los datos:** realizar procesos de limpieza, integración y transformación para garantizar calidad y coherencia.

4. **Desarrollo analítico:** aplicar modelos estadísticos, técnicas de Machine Learning u otras metodologías según el objetivo.

5. **Implementación de resultados:** transformar el análisis en acciones prácticas o decisiones estratégicas.

6. **Evaluación y mejora continua:** medir el impacto del proyecto y extraer aprendizajes para optimizar futuras iniciativas.

Para visualizar estas fases, se puede resumir en un esquema comparativo:

Fase	Pregunta clave	Ejemplo aplicado
Definición	¿Qué queremos lograr?	Reducir la tasa de abandono de clientes
Fuentes de datos	¿De dónde obtendremos la información?	CRM, redes sociales, encuestas
Preparación	¿Son los datos fiables y comparables?	Eliminar duplicados y unificar formatos
Desarrollo	¿Qué técnicas usaremos?	Algoritmos de predicción de churn
Implementación	¿Cómo aplicamos los resultados?	Campaña personalizada para clientes en riesgo
Evaluación	¿Qué impacto ha tenido el proyecto?	Reducción del 10% en la pérdida de clientes

Una compañía de seguros inicia un proyecto de dato para mejorar la detección de fraude. El equipo define el objetivo, recopila información de reclamaciones históricas y transacciones, limpia los registros y entrena un modelo predictivo. Finalmente, los resultados se integran en el sistema de validación de pólizas, lo que permite identificar casos sospechosos con mayor rapidez y reducir pérdidas económicas.

El éxito de un proyecto de datos depende tanto de las tecnologías empleadas como del liderazgo y la capacidad de gestión. El reto no es solo técnico, sino organizacional: se trata de crear una cultura en la que los datos se conviertan en la base para la innovación, la eficiencia y la competitividad.

El **Chief Data Officer (CDO)** es la figura directiva encargada de definir, supervisar y liderar la estrategia de datos de una organización.

Fig. 24. La misión principal del CDO es garantizar que los datos se gestionen como un activo estratégico, asegurando su calidad, seguridad y aprovechamiento para generar valor en el negocio

La importancia del CDO surge de la creciente complejidad de los ecosistemas digitales. En un entorno donde las empresas generan y procesan volúmenes masivos de información, resulta imprescindible contar con un responsable que integre la visión tecnológica, estratégica y ética del uso de los datos.

Las principales responsabilidades del CDO incluyen:

- **Definir la estrategia de datos:** establecer cómo se recopila, organiza y utiliza la información en la organización.
- **Garantizar la calidad y gobernanza:** implementar políticas que aseguren precisión, coherencia y cumplimiento normativo (como el RGPD).
- **Impulsar la cultura del dato:** promover entre los distintos departamentos la adopción de decisiones basadas en datos en lugar de intuiciones.
- **Coordinar equipos multidisciplinares:** liderar a analistas, científicos de datos, ingenieros y profesionales de negocio en proyectos de análisis.
- **Conectar tecnología y negocio:** traducir los resultados técnicos en propuestas accionables para la dirección y las áreas operativas.

Se puede comparar el rol del CDO con otros perfiles directivos:

Perfil directivo	Enfoque principal	Diferencia con el CDO
CIO (Chief Information Officer)	Gestión de sistemas y tecnología de la información	Orientado a la infraestructura tecnológica
CTO (Chief Technology Officer)	Innovación y desarrollo de soluciones tecnológicas	Centrado en productos y servicios tecnológicos
CMO (Chief Marketing Officer)	Estrategias de marketing y clientes	Basado en campañas y comunicación
CDO (Chief Data Officer)	Estrategia y gestión integral de los datos	Transforma los datos en conocimiento estratégico

Una cadena internacional de supermercados nombra un CDO para coordinar los proyectos de Big Data. Gracias a su trabajo, se integran datos de ventas, comportamiento de clientes y gestión de inventarios. El CDO establece políticas de calidad de datos, implementa herramientas de BI y facilita la personalización de ofertas, lo que se traduce en un aumento de ventas y una reducción del desperdicio de productos.

El **CDO actúa como puente entre los datos y las decisiones de negocio**, garantizando que la información no solo se almacene, sino que se utilice de manera estratégica, ética y rentable.

El liderazgo en proyectos de datos y en procesos de transformación digital requiere un perfil adaptado a los retos de la era tecnológica. A diferencia de entornos tradicionales, donde el liderazgo se centraba en la gestión jerárquica y la experiencia acumulada, en el contexto digital se demandan habilidades más flexibles, colaborativas e innovadoras.

Las competencias clave de un líder en entornos digitales incluyen:

- **Visión estratégica digital:** capacidad para anticipar cómo la tecnología y los datos impactarán en el modelo de negocio y en el mercado. Un líder digital debe identificar oportunidades de innovación antes que la competencia.

- **Agilidad y adaptabilidad:** en un entorno de cambio constante, resulta fundamental reaccionar rápidamente ante nuevas tendencias, tecnologías o necesidades de los clientes.

- **Conocimiento tecnológico básico:** aunque no se requiere ser un experto en programación, sí es importante comprender conceptos clave de Big Data, analítica, inteligencia artificial o ciberseguridad para tomar decisiones informadas.

- **Gestión de la diversidad y equipos multidisciplinares:** los proyectos de dato suelen involucrar perfiles muy variados (científicos de datos, analistas de negocio, ingenieros, diseñadores). El líder debe fomentar la colaboración y cohesión entre ellos.

- **Orientación a la innovación:** promover una cultura que incentive la creatividad y la experimentación, aceptando el error como parte del aprendizaje.

- **Comunicación clara:** traducir resultados complejos en mensajes comprensibles para la alta dirección y los equipos operativos.

Se plantea un esquema de comparación entre un liderazgo tradicional y un liderazgo digital:

Aspecto	Liderazgo tradicional	Liderazgo digital
Toma de decisiones	Basada en experiencia e intuición	Basada en datos y evidencias
Estilo de gestión	Jerárquico y lineal	Colaborativo y transversal
Velocidad de reacción	Procesos largos y burocráticos	Adaptación rápida y flexible
Innovación	Secundaria respecto a la estabilidad	Central para la competitividad
Equipos	Homogéneos y especializados	Multidisciplinares y diversos

Ejemplo

En una empresa tecnológica, un líder digital coordina un proyecto para desarrollar un asistente virtual. No necesita programar el chatbot, pero entiende las capacidades del procesamiento del lenguaje natural (PLN). Además, comunica claramente al equipo de marketing cómo esta innovación puede mejorar la atención al cliente y, al mismo tiempo, motiva a los ingenieros para experimentar con prototipos.

Fig. 25. El liderazgo en entornos digitales no depende solo del conocimiento técnico, sino de la capacidad de guiar a las personas en un contexto de cambio continuo, fomentando la innovación, la colaboración y el uso estratégico de los datos

La gestión de proyectos de datos presenta características particulares: los equipos suelen ser multidisciplinares, los objetivos pueden ajustarse a medida que se descubren nuevos patrones en la información y las tecnologías evolucionan rápidamente. Por ello, aplicar metodologías ágiles resulta especialmente adecuado, ya que permiten flexibilidad, colaboración y entregas continuas de valor.

Las dos metodologías más utilizadas en este ámbito son Scrum y Kanban.

- **Scrum**: Scrum es un marco de trabajo ágil que organiza el proyecto en iteraciones cortas llamadas *sprints*, generalmente de dos a cuatro semanas. Cada sprint produce un incremento de valor que puede revisarse y ajustarse según los resultados obtenidos.
  Los roles clave en Scrum son:
  → **Product Owner:** define la visión y prioriza las tareas en el backlog.
  → **Scrum Master:** facilita el proceso, elimina obstáculos y asegura el cumplimiento de los principios ágiles.
  → **Equipo de desarrollo:** integrado por especialistas en datos, analistas, ingenieros o científicos que ejecutan el trabajo.

Un equipo de analítica trabaja con Scrum para crear un modelo predictivo de ventas. En el primer sprint, prepara y limpia los datos; en el segundo, desarrolla un prototipo de modelo; en el tercero, prueba la precisión del algoritmo. Al final de cada sprint, presenta los avances a los responsables de negocio para recibir retroalimentación y ajustar el siguiente ciclo.

- **Kanban**

  Kanban se basa en la **visualización del flujo de trabajo** mediante un tablero dividido en columnas (por ejemplo: "Pendiente", "En proceso", "Finalizado"). A diferencia de Scrum, no establece iteraciones fijas, sino que gestiona las tareas de forma continua, controlando el **work in progress** (número de tareas en ejecución al mismo tiempo).

  Las ventajas de Kanban son su sencillez, flexibilidad y capacidad para adaptarse a equipos que gestionan tareas de distinta naturaleza.

Un departamento de Business Intelligence utiliza un tablero Kanban para gestionar solicitudes de informes. Cada petición se coloca en la columna "Pendiente", pasa a "En proceso" cuando un analista la asume y se mueve a "Finalizado" al entregar el informe. De esta manera, el equipo tiene visibilidad clara del estado de cada tarea y evita sobrecargar a los analistas.

Para comprender mejor la diferencia entre Scrum y Kanban, se puede resumir en una tabla comparativa:

Característica	Scrum	Kanban
Organización	Sprints (iteraciones fijas)	Flujo continuo
Roles definidos	Sí (Product Owner, Scrum Master, equipo)	No necesariamente
Planificación	Basada en backlog priorizado	Basada en limitación de tareas en curso
Entregables	Incremento de valor en cada sprint	Resultados continuos según flujo de trabajo
Adecuación	Proyectos con objetivos cambiantes y fases claras	Equipos con tareas variadas y dinámicas

Las metodologías ágiles permiten que los proyectos de datos avancen de forma **incremental y colaborativa**, garantizando que los resultados sean útiles desde fases tempranas y se adapten a las necesidades cambiantes de la organización.

Los proyectos de datos y la transformación digital no son únicamente desafíos tecnológicos, sino también **retos de gestión del cambio**.

Fig. 26. Para que una organización sea verdaderamente data-driven, es necesario modificar la forma en que sus miembros perciben, utilizan y valoran los datos

Esto implica evolucionar hacia una cultura organizativa orientada al dato, donde las decisiones se basen en evidencias objetivas y no únicamente en intuiciones o jerarquías.

La gestión del cambio en este contexto consiste en planificar y acompañar la transición cultural y organizativa que supone el uso estratégico de los datos. Los elementos clave son:

- **Comunicación clara:** explicar por qué se implementa el cambio, cuáles son los beneficios y cómo impactará en cada área.
- **Formación y capacitación:** dotar a los empleados de las competencias necesarias para interpretar y utilizar datos en su trabajo diario.
- **Liderazgo comprometido:** los directivos deben ser los primeros en adoptar prácticas basadas en datos para servir de ejemplo al resto.
- **Participación activa:** involucrar a los diferentes departamentos en el diseño de los proyectos de datos para reducir resistencias.

- **Gestión de resistencias:** anticipar miedos, como la sustitución por tecnología o la pérdida de autonomía, y afrontarlos con estrategias de apoyo y acompañamiento.

El impacto de una cultura organizativa orientada al dato puede visualizarse comparando dos escenarios:

Característica	Cultura tradicional	Cultura orientada al dato
Toma de decisiones	Basada en jerarquía y experiencia	Basada en evidencias y métricas
Innovación	Baja, centrada en estabilidad	Alta, enfocada en experimentación y mejora continua
Transparencia	Información fragmentada y aislada	Datos compartidos y accesibles
Adaptación al cambio	Lenta y reactiva	Ágil y proactiva

Ejemplo

Una empresa de distribución inicia un proyecto de transformación digital para optimizar su logística. Al principio, los empleados muestran resistencia porque temen que los sistemas automáticos sustituyan su experiencia. Sin embargo, mediante talleres de formación, la empresa demuestra que los datos no reemplazan al trabajador, sino que lo apoyan en la toma de decisiones. Gracias a esta gestión del cambio, se pasa de una cultura basada en la intuición a una donde los datos guían las rutas de reparto, reduciendo tiempos y costes.

La gestión del cambio y la construcción de una cultura organizativa centrada en los datos son **condiciones indispensables** para que los proyectos de Big Data y analítica tengan éxito.

Fig. 27. La tecnología por sí sola no transforma una empresa; lo hace el conjunto de personas que aprenden a trabajar con una mentalidad digital y orientada a la evidencia

Uno de los grandes retos en los proyectos de datos no es únicamente el análisis, sino la comunicación efectiva de los resultados. De nada sirve disponer de modelos complejos y métricas avanzadas si los hallazgos no se transmiten de manera clara, comprensible y útil para quienes deben tomar decisiones.

La comunicación en entornos de datos debe cumplir varias condiciones:

- **Claridad:** simplificar los resultados técnicos en mensajes directos y entendibles para perfiles no especializados.
- **Contexto:** relacionar los datos con los objetivos del negocio, evitando mostrar cifras aisladas sin interpretación.
- **Visualización adecuada:** utilizar gráficos, cuadros de mando y storytelling que conviertan la información en una narrativa persuasiva.
- **Accionabilidad:** los datos deben orientar hacia acciones concretas, no quedarse en observaciones generales.

En paralelo, la toma de decisiones basadas en datos (*data-driven decision making*) implica que la organización confíe en la evidencia empírica para orientar su estrategia, dejando en segundo plano las decisiones únicamente intuitivas. Este enfoque aporta objetividad, reduce riesgos y permite medir el impacto de cada acción de forma más precisa.

Se puede plantear un ejemplo comparativo:

Enfoque	Características	Resultado
Decisión intuitiva	Basada en experiencia personal o intuición	Puede acertar, pero con riesgo elevado
Decisión basada en datos	Fundamentada en métricas verificables y análisis	Mayor fiabilidad y capacidad de replicar resultados

Un director de marketing debe decidir en qué canal invertir más presupuesto publicitario. Si se guía por intuición, podría pensar que la televisión sigue siendo la mejor opción. Sin embargo, un análisis de datos revela que las campañas en redes sociales generan un mayor retorno de la inversión en su público objetivo. La decisión basada en datos permite reasignar recursos de manera más eficiente y maximizar resultados.

Otro ejemplo frecuente ocurre en la gestión de recursos humanos: mediante datos sobre rotación de empleados, niveles de productividad y encuestas de clima laboral, los responsables pueden detectar áreas problemáticas y diseñar planes de retención más efectivos.

La combinación de buena comunicación y toma de decisiones data-driven convierte el análisis en una herramienta estratégica real, capaz de transformar la información en acciones que generan ventajas competitivas y sostenibilidad a largo plazo.

5. Protección de datos

En un entorno en el que las organizaciones generan, almacenan y procesan volúmenes masivos de información, la protección de datos se convierte en un pilar esencial de la gestión empresarial y de los proyectos de transformación digital. No se trata únicamente de una obligación legal, sino de una cuestión estratégica que impacta directamente en la confianza de clientes, socios y empleados.

La protección de datos tiene como objetivo fundamental garantizar la privacidad, la seguridad y el uso responsable de la información personal.

Fig. 28. Las organizaciones deben aplicar medidas que eviten accesos no autorizados, pérdidas accidentales, filtraciones o manipulaciones indebidas

Los principales elementos que justifican la importancia de la protección de datos son:

- o **Reputación y confianza:** los consumidores están cada vez más sensibilizados sobre la privacidad. Una brecha de datos puede provocar pérdida de credibilidad y deterioro de la marca.
- o **Riesgo económico:** además de posibles sanciones legales, un mal manejo de los datos genera costes por fraudes, reclamaciones y pérdida de clientes.
- o **Responsabilidad ética:** las empresas no solo deben cumplir con la ley, sino también utilizar los datos de forma transparente, evitando abusos o usos opacos.
- o **Ventaja competitiva:** aquellas organizaciones que gestionan los datos de manera segura y responsable generan mayor fidelización y diferenciación en el mercado.

El enfoque de la protección de datos no se limita a instalar medidas técnicas, como cortafuegos o encriptación, sino que debe formar parte de una **estrategia integral**, que combine:

- **Medidas organizativas:** establecer políticas internas claras sobre quién accede a los datos y con qué finalidad.

- **Medidas tecnológicas:** uso de sistemas de cifrado, autenticación de usuarios y copias de seguridad.
- **Medidas culturales:** concienciación y formación del personal para evitar errores humanos, que son una de las principales causas de brechas de seguridad.

Ejemplo

Una empresa de servicios financieros que gestiona datos bancarios de clientes aplica un protocolo de seguridad que incluye cifrado de la información, controles de acceso basados en roles y auditorías periódicas. Al mismo tiempo, forma a sus empleados para identificar correos fraudulentos (phishing) que podrían comprometer la seguridad. Este enfoque integral asegura tanto el cumplimiento normativo como la confianza de los usuarios.

Fig. 29. La protección de datos no es un aspecto accesorio, sino una condición imprescindible para que las estrategias de Big Data y transformación digital puedan desarrollarse de manera sostenible, ética y alineada con las expectativas sociales y legales actuales

A. Marco normativo: RGPD y Ley Orgánica de Protección de Datos.

El marco normativo que regula la protección de datos personales en España se fundamenta en dos pilares principales: el Reglamento General de Protección de Datos (RGPD), de aplicación en toda la Unión Europea desde 2018, y la Ley Orgánica de Protección de Datos Personales y Garantía de los Derechos Digitales (LOPDGDD), que adapta dicho reglamento al contexto español.

El RGPD establece las bases comunes en Europa para garantizar que los datos personales se recojan, almacenen y utilicen con respeto a los derechos fundamentales de las personas. Este reglamento introduce principios como la limitación de la finalidad, la minimización de datos, la transparencia en el tratamiento y el derecho al olvido. Además, refuerza la obligación de las empresas de obtener el consentimiento explícito de los usuarios para procesar sus datos.

Por su parte, la LOPDGDD española desarrolla y complementa el RGPD, incorporando aspectos específicos como la protección de los derechos digitales en el ámbito laboral y educativo, el uso de dispositivos electrónicos en el trabajo o la garantía de neutralidad en internet.

Algunos principios esenciales que recoge este marco normativo son:

- **Licitud y transparencia:** los datos solo pueden usarse con fines legítimos y siempre informando al titular.
- **Limitación de la finalidad:** los datos deben recogerse para un propósito específico y no reutilizarse sin consentimiento.
- **Minimización:** únicamente deben recopilarse los datos estrictamente necesarios.
- **Seguridad:** las organizaciones están obligadas a implementar medidas técnicas y organizativas que protejan los datos contra accesos indebidos.
- **Derechos de los ciudadanos:** acceso, rectificación, supresión, limitación, portabilidad y oposición al tratamiento.

En este contexto, resulta útil un ejemplo:

Situación	Cumplimiento normativo	Incumplimiento normativo
Recogida de datos en una tienda online	Se solicita consentimiento explícito y se explica para qué se usarán los datos	Se recogen datos sin informar al usuario o con casillas premarcadas
Conservación de información	Datos de clientes se eliminan tras los plazos legales establecidos	La empresa almacena indefinidamente datos innecesarios
Seguridad	Se cifran los datos y se establecen accesos con contraseñas seguras	Los datos se guardan en archivos sin protección adecuada

Una clínica privada que almacena historiales médicos debe cumplir estrictamente el RGPD y la LOPDGDD. Para ello, obtiene el consentimiento informado de los pacientes, aplica sistemas de encriptación en sus bases de datos, limita el acceso solo a personal autorizado y establece protocolos de conservación y eliminación segura de la información.

Fig. 30. El RGPD y la LOPDGDD proporcionan un marco jurídico sólido que obliga a las organizaciones a gestionar los datos personales de manera transparente, segura y responsable, garantizando los derechos de los ciudadanos en la era digital

B. Principios básicos de protección de datos.

Los principios de protección de datos constituyen el marco fundamental que guía el tratamiento de la información personal en cualquier organización. Se encuentran recogidos tanto en el Reglamento General de Protección de Datos (RGPD) como en la Ley Orgánica de Protección de Datos y Garantía de los Derechos Digitales (LOPDGDD), y su cumplimiento es obligatorio para todas las entidades que gestionan datos personales.

Los principales principios son los siguientes:

- **Licitud, lealtad y transparencia:** los datos deben recogerse de forma legal, informando de manera clara al usuario sobre la finalidad de su uso.

Una aplicación móvil debe indicar explícitamente que recopila la ubicación del usuario para ofrecer recomendaciones personalizadas, y no para otros fines ocultos.

- **Limitación de la finalidad:** los datos solo pueden utilizarse para el propósito concreto para el cual fueron recogidos.

Si un cliente facilita su correo electrónico para recibir una factura, la empresa no puede usarlo para enviar publicidad sin su consentimiento.

- **Minimización de datos:** únicamente deben recogerse los datos estrictamente necesarios para cumplir con el fin establecido.

Un formulario de registro para acceder a un curso online debería pedir solo el nombre y el correo, no información irrelevante como el estado civil.

- **Exactitud:** los datos deben mantenerse actualizados y corregirse o eliminarse cuando resulten inexactos.

Una compañía debe actualizar la dirección de un cliente si este la cambia, para evitar errores en la entrega de pedidos.

- **Limitación del plazo de conservación:** los datos no pueden conservarse indefinidamente; solo durante el tiempo necesario para cumplir con su finalidad.

Una empresa que gestiona currículums debe eliminarlos pasado un plazo razonable si no contrata al candidato.

- **Integridad y confidencialidad:** los datos deben protegerse contra accesos no autorizados, pérdidas o manipulaciones indebidas.

Un hospital debe encriptar sus historiales clínicos y limitar el acceso únicamente a médicos y personal autorizado.

- **Responsabilidad proactiva:** la organización debe no solo cumplir la normativa, sino también demostrar que lo hace, implantando políticas y medidas preventivas.

Documentar auditorías periódicas de seguridad y protocolos de gestión de incidencias para acreditar cumplimiento en caso de inspección.

Para visualizar de forma sintética cómo estos principios se aplican en la práctica, se puede mostrar el siguiente cuadro:

Principio	Riesgo si no se cumple	Beneficio si se aplica
Licitud y transparencia	Desconfianza y posibles sanciones	Confianza del cliente y cumplimiento legal
Limitación de la finalidad	Uso abusivo de datos	Protección de la privacidad
Minimización	Exposición innecesaria de información	Menor riesgo en caso de filtración
Exactitud	Datos obsoletos y errores en decisiones	Información fiable y actualizada
Conservación limitada	Saturación y riesgos de almacenamiento	Reducción de costes y seguridad
Integridad y confidencialidad	Pérdida o robo de información sensible	Seguridad y continuidad de negocio
Responsabilidad proactiva	Multas por incumplimiento	Cultura de cumplimiento y prevención

Los principios básicos actúan como **reglas de conducta obligatorias** para las empresas y organizaciones. No son meras recomendaciones, sino pautas que garantizan un tratamiento de datos ético, legal y alineado con la confianza de los ciudadanos en la economía digital.

C. Derechos de los usuarios y obligaciones de las empresas

El marco normativo de protección de datos reconoce a los usuarios una serie de derechos fundamentales sobre su información personal y, al mismo tiempo, impone a las empresas un conjunto de obligaciones que garantizan el cumplimiento de esos derechos.

- o **Derechos de los usuarios:** Los ciudadanos, como titulares de los datos, cuentan con derechos específicos conocidos como **derechos ARCO-POL** (Acceso, Rectificación, Cancelación/Supresión, Oposición, Portabilidad, Olvido y Limitación):
- o **Derecho de acceso:** permite al usuario saber qué datos posee una empresa sobre él y con qué finalidad se están utilizando.
- o **Derecho de rectificación:** garantiza que el usuario pueda corregir datos inexactos o incompletos.

- o **Derecho de supresión o cancelación:** también llamado *derecho al olvido*, otorga al usuario la posibilidad de que sus datos se eliminen cuando ya no sean necesarios o cuando retire el consentimiento.
- o **Derecho de oposición:** el usuario puede negarse a que sus datos se usen con ciertos fines, como la publicidad.
- o **Derecho de portabilidad:** permite trasladar los datos de un proveedor a otro en un formato accesible y estructurado.
- o **Derecho a la limitación del tratamiento:** el usuario puede solicitar que sus datos no se usen temporalmente en determinados supuestos, aunque no se eliminen.

Un cliente solicita a su banco un informe de todos los datos personales que tiene registrados, pide corregir su dirección actualizada y, posteriormente, solicita la portabilidad de su historial de movimientos a otra entidad financiera. Todo esto forma parte del ejercicio legítimo de sus derechos.

- **Obligaciones de las empresas:** Las empresas y organizaciones que tratan datos personales deben cumplir obligaciones que aseguren la protección de la información:
  - o **Obtener consentimiento explícito:** antes de recopilar datos, se debe informar al usuario de manera clara y obtener su aprobación.
  - o **Informar de forma transparente:** explicar quién es el responsable de los datos, qué uso se dará y cómo ejercer los derechos.
  - o **Adoptar medidas de seguridad:** proteger los datos mediante cifrado, controles de acceso, copias de seguridad y protocolos de respuesta ante incidentes.
  - o **Nombrar un Delegado de Protección de Datos (DPO) cuando sea obligatorio:** especialmente en sectores sensibles como sanidad, finanzas o administraciones públicas.
  - o **Notificar brechas de seguridad:** si se produce una filtración o acceso indebido, la empresa debe comunicarlo a la autoridad competente y, en algunos casos, a los propios afectados en un plazo máximo de 72 horas.

o **Responsabilidad proactiva:** demostrar en todo momento que se cumplen las normativas, mediante registros de actividades, evaluaciones de impacto y auditorías internas.

Esta tabla permite ver la relación entre derechos de usuarios y obligaciones de empresas:

Derecho del usuario	Obligación de la empresa
Acceso	Facilitar copia de los datos en un formato legible
Rectificación	Corregir datos erróneos en un plazo razonable
Supresión	Eliminar datos cuando ya no sean necesarios o se retire el consentimiento
Oposición	Respetar la negativa del usuario, especialmente en marketing
Portabilidad	Proporcionar datos en formato interoperable al nuevo proveedor
Limitación	Restringir temporalmente el uso de los datos según lo solicitado

Una tienda online recibe una solicitud de supresión de datos por parte de un cliente que ya no desea mantener su cuenta. La empresa debe eliminar la información de su base de datos, salvo aquella que deba conservarse por motivos legales (por ejemplo, facturas emitidas). Además, si se produce una filtración de información de clientes, está obligada a notificarlo tanto a la Agencia Española de Protección de Datos como a los usuarios afectados.

C. Seguridad y anonimización de datos

La **seguridad de los datos** es uno de los pilares fundamentales de la protección de la información en cualquier organización.

Fig. 31. La seguridad de los datos implica la aplicación de medidas técnicas y organizativas que eviten accesos no autorizados, pérdidas accidentales, manipulaciones indebidas o filtraciones que puedan poner en riesgo la privacidad de las personas

Entre las principales medidas de seguridad destacan:

- **Cifrado:** transformar los datos en un formato ilegible para quienes no tengan la clave de acceso.

- **Control de accesos:** limitar el acceso a la información únicamente a las personas autorizadas, mediante contraseñas seguras, autenticación multifactor o sistemas biométricos.

- **Copias de seguridad:** garantizar la recuperación de los datos en caso de incidentes.

- **Auditorías y monitorización:** revisar periódicamente los sistemas para detectar vulnerabilidades o accesos sospechosos.

- **Planes de contingencia:** definir protocolos claros de actuación frente a posibles brechas de seguridad.

La anonimización de datos es otra técnica esencial en este contexto. Consiste en transformar los datos de manera que no puedan asociarse a una persona identificada o identificable. A diferencia de la simple pseudonimización (donde los datos se sustituyen por códigos, pero aún pueden vincularse al individuo con información adicional), la anonimización busca eliminar cualquier conexión directa o indirecta con la identidad del sujeto.

Entre las principales técnicas de anonimización se encuentran:

- **Agregación:** presentar los datos en forma de grupos (por ejemplo, "el 30% de los clientes tienen entre 30 y 40 años"), evitando referencias individuales.
- **Enmascaramiento:** sustituir valores reales por otros ficticios, manteniendo el formato original.
- **Perturbación:** introducir variaciones en los datos para impedir la identificación, sin alterar significativamente los resultados globales.
- **Generalización:** reducir el nivel de detalle (por ejemplo, mostrar solo la provincia en lugar del código postal exacto).

Un cuadro comparativo ayuda a diferenciar conceptos clave:

Técnica	Característica	Nivel de protección
Cifrado	Convierte los datos en ilegibles sin clave	Reversible con la clave adecuada
Pseudonimización	Sustituye datos personales por identificadores	Reversible si se accede a la clave de correspondencia
Anonimización	Elimina cualquier posibilidad de identificación	Irreversible (no se puede volver al dato original)

Una empresa de salud que quiere analizar hábitos de pacientes para estudios estadísticos no puede compartir directamente nombres, direcciones o historiales médicos. En su lugar, aplica anonimización, de manera que los datos se convierten en patrones globales (edad, género, zona geográfica), útiles para la investigación, pero sin riesgo para la privacidad individual.

La seguridad y la anonimización de datos son mecanismos complementarios: la seguridad protege la información frente a accesos indebidos y la anonimización garantiza que, aun en caso de acceso no autorizado, no se pueda identificar a las personas implicadas. Ambas son condiciones imprescindibles para desarrollar proyectos de Big Data de forma ética y legal.

D. Retos éticos del Big Data (sesgos, transparencia, confianza).

El uso de grandes volúmenes de datos plantea también **retos éticos** que impactan en la confianza de los usuarios y en la legitimidad de las organizaciones. Gestionar datos masivos sin atender a estas cuestiones puede derivar en decisiones injustas, discriminatorias o poco transparentes.

Los principales retos éticos del Big Data se centran en tres dimensiones: **sesgos, transparencia y confianza**.

- **Sesgos en los datos y algoritmos:** Los **sesgos** ocurren cuando los datos utilizados para entrenar modelos no representan adecuadamente la realidad o contienen prejuicios históricos que se trasladan al análisis.

Si un banco utiliza datos históricos de concesión de créditos en los que existieron prácticas discriminatorias hacia ciertos colectivos, un algoritmo de Machine Learning puede reproducir esos sesgos y negar préstamos de forma injusta.

El reto ético consiste en **identificar y mitigar los sesgos**, aplicando auditorías a los algoritmos y diversificando las fuentes de datos.

- **Transparencia en el uso de datos:** La **transparencia** implica que los usuarios sepan de forma clara cómo y para qué se recopilan y utilizan sus datos. Uno de los mayores riesgos del Big Data es el uso opaco de la información, donde las personas desconocen que sus datos están siendo tratados o para qué fines.

Una aplicación móvil que recopila la ubicación del usuario para mejorar la experiencia debería informar explícitamente de esta práctica, en lugar de ocultarla en cláusulas poco visibles.

La ética exige explicar de forma comprensible las finalidades del tratamiento y garantizar que los algoritmos sean auditables.

- **Confianza de los usuarios:** La **confianza** es el elemento clave que sostiene la relación entre empresas, instituciones y ciudadanos en la era digital. Si los usuarios perciben que sus datos se utilizan de forma abusiva o poco clara, pueden dejar de interactuar con la organización y dañar su reputación.

Tras un escándalo de filtración de datos en una red social, millones de usuarios abandonaron la plataforma o restringieron su actividad, al sentir vulnerada su privacidad.

Para mantener la confianza, las empresas deben aplicar políticas claras de protección, ofrecer opciones de control a los usuarios y demostrar responsabilidad en el uso de la información.

Por lo tanto, se debe considerar lo siguiente:

Dimensión ética	Riesgo si no se gestiona	Beneficio si se atiende adecuadamente
Sesgos	Decisiones injustas y discriminatorias	Modelos más justos y representativos
Transparencia	Desconfianza y percepción de manipulación	Usuarios informados y empoderados
Confianza	Pérdida de clientes y reputación	Fidelización y legitimidad empresarial

En conclusión, los retos éticos del Big Data obligan a las organizaciones a ir más allá del cumplimiento normativo: deben construir un modelo de **gestión responsable**, basado en la equidad, la claridad y la confianza. Solo así podrán aprovechar el potencial de los datos de forma sostenible y respetuosa con los derechos de las personas.

Resumen

La transformación digital ha situado a los datos en el centro de las estrategias empresariales. En la actualidad, las organizaciones deben recopilar información e identificar qué datos son realmente relevantes para orientar su actividad. Estos pueden provenir de fuentes internas, como los sistemas ERP o CRM, o de fuentes externas, como redes sociales, open data o tendencias de mercado. La utilidad de los datos depende de su calidad, pertinencia y oportunidad, factores que permiten convertir la información en conocimiento estratégico.

El análisis de datos aporta un valor directo a la eficiencia operativa de las empresas. Permite optimizar procesos, reducir costes y tiempos, mejorar la cadena de valor y anticipar problemas antes de que generen pérdidas. En este contexto, herramientas como la gestión de datos (Data Management), la Inteligencia de Negocio (BI) y las arquitecturas Big Data son fundamentales para garantizar la disponibilidad, coherencia y explotación de la información. Los procesos ETL, los cuadros de mando y los indicadores KPI son piezas clave para transformar datos dispersos en conocimiento aplicable.

Las arquitecturas Big Data, basadas en sistemas distribuidos y almacenamiento masivo, han revolucionado la manera de procesar información. Plataformas como Hadoop o Spark permiten manejar volúmenes inmensos de datos de forma escalable y flexible, ofreciendo posibilidades tanto en análisis por lotes como en tiempo real. Este ecosistema tecnológico se complementa con herramientas de visualización, como Power BI, Tableau o Qlik, que convierten la información en representaciones claras y facilitan la toma de decisiones.

El uso de técnicas y recursos de análisis se apoya en diversas disciplinas científicas. La estadística proporciona métodos para resumir y comprender los datos, mientras que el Machine Learning permite detectar patrones y realizar predicciones. El procesamiento del lenguaje natural (PLN) abre la puerta al análisis de textos y conversaciones, y el estudio de redes sociales se ha consolidado como una fuente clave para conocer tendencias y percepciones de los consumidores. Además, tecnologías como el Internet de las Cosas (IoT) generan datos en tiempo real que alimentan la transformación digital de sectores tan diversos como la industria, la salud, las ciudades inteligentes o los servicios personalizados.

La implantación de proyectos de datos requiere un liderazgo adaptado a los entornos digitales. Figuras como el Chief Data Officer (CDO) desempeñan un papel estratégico al definir políticas de gobernanza, garantizar la calidad de la información y promover una cultura organizativa orientada al dato. Las metodologías ágiles, como Scrum o Kanban, resultan especialmente útiles para gestionar proyectos de análisis, ya que aportan flexibilidad y capacidad de adaptación. La gestión del cambio y la comunicación clara de resultados son elementos imprescindibles para que los datos se conviertan en decisiones efectivas.

Finalmente, la protección de datos constituye un aspecto fundamental, no solo desde el punto de vista legal, con normativas como el RGPD y la LOPDGDD, sino también desde una perspectiva ética. Los principios básicos de licitud, transparencia, minimización y seguridad garantizan que el uso de la información respete la privacidad de los ciudadanos. Asimismo, la anonimización y la seguridad informática protegen frente a accesos indebidos, mientras que los retos éticos, como los sesgos en los algoritmos, la transparencia en el uso de datos y la confianza de los usuarios, marcan la diferencia entre un uso responsable y uno abusivo del Big Data.

Glosario

Algoritmo

Conjunto de reglas o instrucciones que permiten a una máquina resolver un problema o realizar un cálculo de manera sistemática.

Anonimización

Proceso mediante el cual los datos personales se transforman de forma que no sea posible identificar directa ni indirectamente a la persona a la que pertenecen.

Arquitectura Big Data

Conjunto de tecnologías y procesos diseñados para almacenar, procesar y analizar grandes volúmenes de datos de forma escalable y distribuida.

Business Intelligence (BI)

Conjunto de herramientas y metodologías que permiten transformar datos en información útil para la toma de decisiones mediante informes, cuadros de mando e indicadores.

Cadena de valor

Modelo que describe las actividades clave que una empresa realiza para generar valor en sus productos o servicios, desde la producción hasta la entrega al cliente.

Chief Data Officer (CDO)

Directivo encargado de definir y supervisar la estrategia de datos en una organización, asegurando su calidad, seguridad y aprovechamiento estratégico.

Cuadro de mando (Dashboard)

Herramienta visual que concentra indicadores clave de una organización, facilitando el análisis y la toma de decisiones en tiempo real.

Data Governance (Gobierno de datos)

Marco de políticas y procesos que garantizan la correcta gestión, calidad, seguridad y disponibilidad de los datos en una organización.

Data Management (Gestión de datos)

Conjunto de prácticas y herramientas que permiten recopilar, almacenar, organizar y utilizar los datos de forma eficiente y segura.

Datos estructurados

Información organizada en formatos predefinidos (como tablas en una base de datos relacional).

Datos no estructurados

Información que no sigue un formato predefinido, como imágenes, vídeos, correos electrónicos o publicaciones en redes sociales.

ETL (Extract, Transform, Load)

Proceso de extracción, transformación y carga de datos desde distintas fuentes hacia un sistema centralizado de análisis.

Indicador KPI (Key Performance Indicator)

Métrica que mide el rendimiento de un proceso en relación con un objetivo específico.

Internet de las Cosas (IoT)

Red de dispositivos físicos conectados a internet que recopilan e intercambian datos en tiempo real.

Machine Learning (Aprendizaje automático)

Rama de la inteligencia artificial que permite a los sistemas aprender de los datos y mejorar su rendimiento sin programación explícita.

Minimización de datos

Principio que establece que solo deben recopilarse los datos estrictamente necesarios para una finalidad concreta.

Open Data (Datos abiertos)

Conjunto de datos de acceso público que pueden utilizarse, reutilizarse y redistribuirse libremente.

Pseudonimización

Técnica que sustituye datos personales por identificadores ficticios, pero que aún permite la reidentificación si se dispone de la clave.

RGPD (Reglamento General de Protección de Datos)

Norma de la Unión Europea que regula el tratamiento y protección de los datos personales de los ciudadanos europeos.

Scrum

Metodología ágil de gestión de proyectos que organiza el trabajo en iteraciones cortas llamadas sprints, con entregas incrementales de valor.

Smart City (Ciudad inteligente)

Entorno urbano que utiliza tecnologías digitales y dispositivos conectados para mejorar la calidad de vida, la sostenibilidad y la eficiencia de los servicios públicos.

Storytelling con datos

Técnica que combina visualizaciones y narrativas para comunicar de forma clara y persuasiva la información derivada de los datos.

Transparencia

Principio ético y legal que obliga a informar de manera clara y accesible sobre cómo se recopilan y utilizan los datos personales.

Visualización de datos

Representación gráfica de la información para facilitar su comprensión, análisis y comunicación.

Ejercicios de autoevaluación

1. ¿Qué significa que una arquitectura Big Data sea escalable?

    a. Que puede crecer añadiendo nodos sin perder eficiencia.

    b. Que se centra en datos estructurados.

    c. Que no permite ampliación progresiva.

    d. Que depende de un único servidor.

2. ¿Qué principio debe guiar la visualización de datos?

    a. Complejidad y abundancia de gráficos.

    b. Claridad, precisión y relevancia.

    c. Falta de contexto en la representación.

    d. Uso de colores llamativos sin criterio.

3. ¿Qué representa el *storytelling* con datos?

    a. Informes extensos sin visualizaciones.

    b. Comunicar hallazgos mediante narrativas visuales claras y atractivas.

    c. Guardar información en bases relacionales.

    d. Uso exclusivo de gráficos de sectores.

4. ¿Cuál es el papel de la estadística en el análisis de datos?

    a. Eliminar la necesidad de algoritmos.

    b. Aplicar minería sin muestras.

    c. Sustituir las decisiones humanas.

    d. Resumir, interpretar e inferir información de grandes conjuntos de datos.

5. ¿Qué caracteriza al aprendizaje supervisado en Machine Learning?

    a. Datos sin etiquetas previas.

    b. Entrenamiento con datos etiquetados que incluyen la respuesta correcta.

    c. Procesamiento por ensayo y error.

    d. Exclusivamente análisis de texto.

6. ¿Qué es el procesamiento del lenguaje natural (PLN)?

    a. Uso de SQL para bases de datos.

    b. Proceso de cifrado de documentos.

    c. Almacenamiento en Hadoop.

    d. Disciplina que permite a las máquinas comprender y generar lenguaje humano.

7. ¿Qué aplicación principal tiene el análisis de redes sociales?

    a. Eliminar métricas irrelevantes.

    b. Estudiar interacciones, tendencias e influencia de usuarios.

    c. Sustituir encuestas tradicionales.

    d. Centralizar inventarios.

8. ¿Cuál es la función principal del Chief Data Officer (CDO)?

    a. Gestionar el hardware de la empresa.

    b. Diseñar campañas publicitarias.

    c. Definir y supervisar la estrategia de datos como activo estratégico.

    d. Programar modelos predictivos.

9. ¿Qué metodología ágil organiza el trabajo en *sprints*?

    a. Scrum.

    b. Kanban.

    c. Waterfall.

    d. Design Thinking.

10.¿Qué principio de protección de datos establece que solo deben recopilarse los estrictamente necesarios?

    a. Licitud y transparencia.

    b. Exactitud.

    c. Portabilidad.

    d. Minimización de datos.

Aplicaciones prácticas

Aplicación práctica 1. Clasificación de fuentes de datos

Módulo 1: Big Data y transformación digital

Una empresa de comercio electrónico quiere analizar sus fuentes de datos para mejorar la toma de decisiones estratégicas. El equipo de datos debe clasificar la información en fuentes internas y externas, indicando también cómo pueden usarse.

Completa la tabla siguiente con la información que falta:

Fuente de datos	Tipo (interna/externa)	Uso en la estrategia digital
ERP de gestión de pedidos		
Opiniones de clientes en redes sociales		
CRM con historial de clientes		
Open Data sobre tendencias de consumo		
Procesos internos de logística		
Estudios de mercado publicados en portales especializados		

Aplicación práctica 2. Análisis de datos

Módulo 1: Big Data y transformación digital

Una empresa está afrontando diferentes retos y quiere aplicar el análisis de datos para resolverlos. A continuación, se presentan cuatro escenarios y cuatro posibles soluciones. Relaciónalos y argumenta tu respuesta.

<u>Escenarios:</u>

1. El departamento de marketing quiere identificar qué campañas generan más conversiones en distintos canales digitales.
2. La dirección general necesita un análisis mensual de las ventas por regiones para evaluar el crecimiento del negocio.
3. El equipo de logística debe optimizar las rutas de distribución de productos en tiempo real.
4. El área de innovación busca anticipar qué tendencias de consumo podrían impactar en el lanzamiento de nuevos productos.

<u>Posibles soluciones:</u>

A. Crear un cuadro de mando con indicadores KPI de rendimiento de campañas.
B. Implementar un modelo predictivo con técnicas de Machine Learning.
C. Usar un *dashboard* en Power BI conectado al CRM y al ERP para monitorizar operaciones.
D. Analizar datos históricos mediante procesos ETL y elaborar reportes periódicos.

Aplicación práctica 3. Protección de datos

Módulo 1: Big Data y transformación digital

Una tienda online que vende productos tecnológicos ha detectado un acceso no autorizado a su base de datos. La filtración ha comprometido correos electrónicos, direcciones postales y el historial de compras de varios clientes.

El comité directivo se reúne de urgencia y surgen distintas posturas entre los responsables:

- El director de marketing considera que no es necesario informar a los clientes para "no dañar la reputación de la marca".
- El responsable de sistemas insiste en que se debe reforzar la seguridad con cifrado y autenticación multifactor, pero duda si eso basta.
- La asesora legal recuerda que existen plazos y obligaciones de notificación en caso de brechas de datos.
- Algunos empleados creen que basta con pedir disculpas públicas en redes sociales.

Teniendo en cuenta esta información:

1. Explica qué principios básicos de protección de datos se están poniendo en riesgo en este caso.
2. Indica qué obligaciones legales tiene la empresa tras la brecha de seguridad.
3. Propón acciones correctivas que debería aplicar la organización, tanto técnicas como organizativas.

Aplicación práctica 4. Implantación de Business Intelligence

Módulo 1: Big Data y transformación digital

Una empresa del sector retail ha decidido invertir en una plataforma de Business Intelligence para mejorar su toma de decisiones. Tras varias reuniones, el comité directivo define los siguientes pasos:

1. El equipo de datos comienza a recopilar información procedente de diferentes departamentos: ventas, marketing y logística.
2. Para simplificar el trabajo, se decide almacenar todos los datos en hojas de cálculo independientes, que cada departamento gestionará por su cuenta.
3. Se establece que no es necesario aplicar procesos ETL, ya que el análisis se centrará en informes puntuales y no en un sistema integrado.
4. El cuadro de mando que se diseña incluye más de 50 indicadores distintos, muchos de ellos sin relación directa con los objetivos estratégicos de la empresa.
5. La dirección general comunica que el proyecto será útil únicamente para el departamento de ventas, sin dar acceso al resto de áreas.

Identifica el error principal en el planteamiento de este proyecto y explica por qué es problemático según la teoría trabajada en el curso.

Ejercicio de evaluación final

1. ¿Cuál es el principal objetivo de la estrategia digital basada en datos?

    a. Transformar los datos en conocimiento útil para la toma de decisiones.

    b. Acumular información sin procesarla.

    c. Reducir los costes tecnológicos.

    d. Sustituir al personal directivo.

2. ¿Qué son las fuentes de datos internas?

    a. Datos de redes sociales.

    b. Información procedente de sistemas como ERP, CRM o bases de clientes.

    c. Datos abiertos de instituciones públicas.

    d. Informes de tendencias del mercado.

3. ¿Cuál de estas opciones corresponde a una fuente de datos externa?

    a. Ventas registradas en un ERP.

    b. Procesos internos de la empresa.

    c. Datos de redes sociales y open data.

    d. Encuestas internas de satisfacción laboral.

4. Según los criterios de selección, un dato es útil si cumple con:

    a. Calidad, pertinencia y oportunidad.

    b. Cantidad, volumen y complejidad.

    c. Escalabilidad, flexibilidad y velocidad.

    d. Precio, coste y rapidez de acceso.

5. ¿Qué tipo de herramienta es Google Analytics?

    a. De clasificación de datos.

    b. De recogida y análisis de datos web.

    c. De gobierno de datos.

    d. De almacenamiento masivo.

6. ¿Qué papel juegan los datos en la planificación estratégica?

    a. Ninguno, solo son complementarios.

    b. Sirven únicamente para marketing.

    c. Sustituyen a la experiencia de los directivos.

    d. Reducen la incertidumbre y permiten anticipar escenarios.

7. ¿Qué ventaja aporta el análisis de mercado basado en datos?

    a. Aumenta los costes de publicidad.

    b. Permite identificar segmentos de clientes y detectar tendencias.

    c. Reduce la calidad de los informes.

    d. Limita la innovación.

8. En estrategias de segmentación y personalización, ¿qué diferencia hay con el marketing tradicional?

    a. Mensajes adaptados a grupos o individuos según sus datos.

    b. Menor relevancia de los mensajes.

    c. Comunicaciones idénticas para todos.

    d. Solo aplica en comunicación offline.

9. ¿Qué caso de éxito ejemplifica el uso de datos para crear contenidos originales?

    a. Qlik.

    b. Amazon.

    c. Netflix.

    d. Twitter.

10.¿Qué mejora permite el análisis de datos en la eficiencia operativa?

    a. Aumentar la burocracia.

    b. Identificar ineficiencias y optimizar recursos.

    c. Evitar la digitalización de procesos.

    d. Disminuir la calidad del producto.

11.¿Cómo contribuye el análisis de datos a la optimización de la cadena de valor?

    a. Elimina la necesidad de proveedores.

    b. Detecta ineficiencias en aprovisionamiento, producción y distribución.

    c. Reemplaza a los trabajadores.

    d. Centraliza todo en un único eslabón.

12.¿Qué permite la reducción de costes y tiempos basada en datos?

    a. Aumentar la inversión en campañas publicitarias.

    b. Detectar cuellos de botella y anticipar problemas.

    c. Generar informes más largos.

    d. Limitar la capacidad de análisis.

13.¿Cuál es una de las principales ventajas del IoT en la industria?

a. Aumentar el consumo energético.

b. Sustituir al personal humano.

c. Facilitar el mantenimiento predictivo de maquinaria.

d. Reducir la digitalización de procesos.

14.¿Qué significa Data Management?

a. Gestión de datos como activo estratégico de la organización.

b. Uso de redes sociales para marketing.

c. Análisis de sentimiento en encuestas.

d. Diseño gráfico de *dashboards*.

15.¿Qué describe el ciclo de vida de los datos?

a. Solo el momento de creación.

b. Las fases desde su creación hasta su eliminación segura.

c. El almacenamiento temporal de copias.

d. Únicamente el proceso de encriptación.

16.¿Qué busca el gobierno de datos (Data Governance)?

a. Reducir el número de empleados.

b. Desarrollar algoritmos predictivos.

c. Almacenar grandes volúmenes de información.

d. Establecer políticas y procesos que aseguren la calidad y el uso correcto de los datos.

17.¿Qué es un proceso ETL?

a. Eliminación de datos obsoletos.

b. Extracción, transformación y carga de datos en un sistema centralizado.

c. Evaluación temporal de logs.

d. Encriptación técnica de localización.

18.¿Qué es un KPI?

a. Un gráfico circular.

b. Un sistema de almacenamiento.

c. Un indicador clave de desempeño.

d. Un proceso de minería de datos.

19.¿Qué herramienta de BI destaca por su integración con Excel y Office 365?

a. Tableau.

b. Qlik Sense.

c. Power BI.

d. Looker Studio.

20.¿Cuál es la principal diferencia entre Hadoop y Spark?

a. Spark permite procesamiento en memoria y en tiempo real.

b. Hadoop es más rápido.

c. Spark solo almacena datos en disco.

d. Hadoop funciona sin HDFS.

Solucionario

Módulo 1. Big Data y transformación digital

1. a

2. b

3. b

4. d

5. b

6. d

7. b

8. c

9. a

10. d

Bibliografía

Webgrafía

Arquitectura big data: qué es, cómo funciona y qué tipos existen

https://www.inesdi.com/blog/principales-tipologias-de-arquitecturas-en-big-data/

Business intelligence: qué es y cómo integrarla en tu ERP

https://www.wolterskluwer.com/es-es/expert-insights/business-intelligence-que-es-bi

Business Intelligence: qué significa

https://www.tableau.com/es-es/learn/articles/business-intelligence

Data Management o gestión de datos, ¿de qué se trata?

https://datascientest.com/es/data-management-o-gestion-de-datos

IoT: Impulsa la transformación digital

https://arditec.es/internet-de-las-cosas/

La influencia del IoT en la transformación digital

https://www.grupocibernos.com/blog/la-influencia-del-iot-la-transformacion-digital

Las 10 mejores herramientas de análisis de datos

https://www.datacamp.com/es/blog/the-9-best-data-analytics-tools-for-data-analysts-in-2023

Protección de datos en la UE

https://www.consilium.europa.eu/es/policies/data-protection/

¿Qué diferencia existe entre el data science y el big data analytics?

https://www.bigdata.uma.es/que-diferencia-existe-entre-el-data-science-y-el-big-data-analytics/

¿Qué es la ciencia de datos y qué hace un científico de datos?
https://www.uax.com/blog/ingenieria-tecnologia/que-es-la-ciencia-de-datos-y-que-hace-un-cientifico-de-datos

¿Qué es la gestión de datos?
https://www.sap.com/spain/products/technology-platform/what-is-data-management.html

¿Qué es la inteligencia empresarial (BI)?
https://www.ibm.com/es-es/topics/business-intelligence

¿Qué es un arquitecto de Big Data y qué funciones tiene?
https://www.villanueva.edu/que-es-un-arquitecto-de-big-data-y-que-funciones-tiene/

Reglamento General de Protección de Datos
https://europa.eu/youreurope/business/dealing-with-customers/data-protection/data-protection-gdpr/index_es.htm